Robotic Process Automation (RPA) im Desktop-Publishing

Ennis Gündoğan

Robotic Process Automation (RPA) im Desktop-Publishing

Softwaregestützte Automatisierung von Artwork-Prozessen

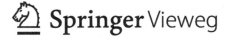

Ennis Gündoğan
Krefeld, Deutschland

ISBN 978-3-658-46621-3   ISBN 978-3-658-46622-0 (eBook)
https://doi.org/10.1007/978-3-658-46622-0

Die Deutsche Nationalbibliothek verzeichnet diese Publikation in der Deutschen Nationalbibliografie; detaillierte
bibliografische Daten sind im Internet über https://portal.dnb.de abrufbar.

Planung/Lektorat: David Imgrund
Springer Vieweg ist ein Imprint der eingetragenen Gesellschaft Springer Fachmedien Wiesbaden GmbH und ist
ein Teil von Springer Nature.
Die Anschrift der Gesellschaft ist: Abraham-Lincoln-Str. 46, 65189 Wiesbaden, Germany

Wenn Sie dieses Produkt entsorgen, geben Sie das Papier bitte zum Recycling.

Für Eray.

Gastvorwort

„Standardisierung und Automatisierung zerstören die Kreativität" – das musste ich mir früher als Herstellungsleiter wiederholt anhören. Nach wie vor bin ich vom Gegenteil überzeugt. Mit klaren (Design)Regeln schafft man eine Corporate Identity (CI) (von der man auch wieder bewusst ausbrechen kann). Repetitive Aufgaben, die zum Beispiel mit Hilfe von Skripten oder Application-Programming-Interface(API)-Services automatisiert werden, sparen Zeit oder erlauben es, zusätzliche Formate zu erzeugen und auszugeben. Und künstliche Intelligenz (KI) hilft dabei, zeitintensive Aufgaben schneller zu lösen oder Entscheidungen zu treffen.

Damit schafft man mehr Freiräume für Kreativität.

Adobe setzt mit den Creative-Cloud(CC)-Applikationen schon sehr lange auf beides: Kreativität und Möglichkeiten zur Automatisierung. Etwa durch Funktionen wie Global Regular Expression Print (GREP) in InDesign oder Aktionen in Photoshop und immer mehr Sensei: KI, die Bilder freistellt oder einen passenden Ausschnitt auswählt. Aber auch InDesign-Server-Lösungen, die nicht nur Prozesse für Zeitschriften, Kataloge oder Produktmarketing automatisieren, sondern auch das Herz vieler Web-to-Print-Anwendungen sind. Bis hin zu aktuellen APIs, die Automatisierungen in der Cloud ermöglichen. Das Ganze wird ergänzt von Tausenden Skripten und Plug-ins, die Kreative oder Entwickler für den eigenen Bedarf entwerfen oder auch für andere Creative-Cloud-Kunden über den Creative-Cloud-Marktplatz vertreiben.

Sr. Manager, Creative Cloud Ecosystem   Ingo Eichel
Development EMEA, Adobe
Dezember 2021

Vorwort

Alles, was man in einer Organisation automatisieren kann, sollte automatisiert werden – so lautet die sinngemäße Definition von Hyperautomatisierung, eines der bedeutendsten, strategischen Technologietrends 2021 von dem Marktforschungsunternehmen Gartner. Doch der Wunsch nach Rationalisierung ist kein neuartiges Phänomen der Wirtschaft, sondern existiert seit den Anfängen der technischen Produktion und findet seine Ursprünge in den modernen Entwicklungen im 19. Jahrhundert. Sowohl die Industrialisierung und Maschinisierung im 19. und 20. Jahrhundert als auch die Digitalisierung in den letzten beiden Jahrzehnten haben dazu beigetragen, Prozesse zunehmend effektiver und effizienter zu gestalten. Diese Prozessoptimierung wird in der heutigen Industrie 4.0 als Automatisierung bezeichnet und dient als eine wesentliche Komponente in der Wirtschaft, um Unternehmensziele mit qualitativ und quantitativ besseren Ergebnissen zu erreichen als mit nicht-automatisierten Geschäftsprozessen.

Auch im Desktop-Publishing (DTP) ist der Einsatz von Automatismen unabdingbar. Doch vielen Unternehmen und Anwendern sind die vielfältigen Möglichkeiten der Automatisierung im Bereich des DTP nicht oder nur geringfügig bekannt. Das vorliegende Buch *Robotic Process Automation (RPA) im Desktop-Publishing* setzt das Ziel, diese Lücke zu füllen und legt dabei den Fokus auf sich wiederholenden Artwork-Prozessen in der Druckvorstufe. Als langjähriger Mediengestalter war ich fasziniert von den Möglichkeiten, die sich im DTP durch den Einsatz von Programmcode eröffneten. Aufgaben, die früher Stunden in Anspruch nahmen, ließen sich plötzlich in Sekunden erledigen. Diese beeindruckende Effizienz weckte meine Neugier und führte schließlich dazu, dass ich mich intensiver mit diesem Thema beschäftigte. Dieses Buch ist das Ergebnis dieser Auseinandersetzung und stellt eine erweiterte Version seines gleichnamigen Vorgängers[1] aus der Springer *essentials*-Reihe dar. Es spricht ein breites Publikum an, darunter Mediengestalter, Softwareentwickler, Informationstechnik(IT)-Systemadministratoren sowie IT-Entscheider und übermittelt dem Leser diverse Impulse zum Thema DTP-Automatisierung in geballter Form.

---

[1] https://link.springer.com/book/10.1007/978-3-658-37137-1

Mein herzlicher Dank gilt allen, die mich auf meinem Weg begleitet und unterstützt haben. Ein besonderer Dank geht an meinen Sohn für die spannenden Weltraummissionen[2] zwischendurch.

Ich wünsche viel Freude beim Lesen dieses Buches und freue mich auf jegliches Feedback an: *e@gndgn.dev*

Krefeld   Ennis Gündoğan
im September 2024

---

[2] https://www.lego.com/de-de/product/space-shuttle-mission-10944

Einführung

Die Optimierung von Prozessen, um höchstmögliche Effektivität und Effizienz zu erzielen, ist seit längerer Zeit ein wichtiges Ziel in der Wirtschaft. Die Automatisierung tangiert heute nicht nur nahezu alle Branchen der Wirtschaft, sondern auch profane Bereiche des alltäglichen Lebens und wird in den meisten Fällen durch Lösungen aus der IT gestützt oder gar realisiert. So auch im Bereich des DTP. Während sich DTP anfangs ausschließlich mit dem klassischen Druckvorgang beschäftigte, spielen heute neuartige Medien und Formate wie das Web, interaktive Portable-Document-Format(PDF)-Dateien, Smartphones, Tablets und E-Books eine wichtige Rolle. Die zunehmende Komplexität heutiger Anforderungen setzt voraus, vorhandene DTP-Systeme mit zusätzlichen Automatismen zu koppeln und IT-Infrastrukturen dahin gehend auszubauen.

Diese Lektüre lässt sich im Wesentlichen in drei Teilbereiche untergliedern (s. Abb. 1). Zunächst wird der Leser im ersten (Kap. 1 und 2) und zweiten Teil (Kap. 3 und 4) in die Themen DTP und Automatisierung eingeführt. Anschließend werden im dritten Teil (Kap. 5–16) technische Möglichkeiten der Automatisierung im DTP beschrieben, mit Schwerpunkt auf den Softwareprodukten Adobe InDesign, Photoshop und Illustrator. Die auf eine Adobe-Anwendung beziehenden Textabschnitte, Beispiele und Abbildungen basieren auf die Version 2024, sofern keine alternative Version explizit angegeben ist. Der Programmcode aller behandelten Fallbeispiele sowie die meisten im Text aufgeführten Codebeispiele sind innerhalb des dieser Lektüre korrespondierenden GitHub-Projekts[1] aufrufbar. Zukünftige Änderungen des Quellcodes innerhalb des GitHub-Projekts sind aufgrund eventueller Optimierungen vorzubehalten. Weiterhin sind die in dieser Lektüre befindlichen Codebeispiele als praktische Umsetzung der vorangegangenen Theorie zu verstehen, die möglichst überschaubar und in einigen Fällen nicht vollständig ist. Bei einigen Beispielen – insbesondere bei Vorkommnissen von Dateipfaden – wird neben der Variante für das Betriebssystem macOS die Windows-Variante angegeben. Darüber hinaus sind die meisten Codebeispiele auf macOS ausgerichtet und bedürfen minimale Anpassungen für die Ausführbarkeit auf Windows. Um bei der Darstellung von Codebeispielen

---

[1] https://github.com/sn-code-inside/rpa-im-dtp

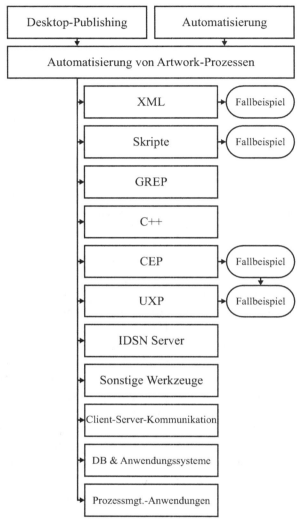

Abb. 1 Struktur dieser Lektüre

unnötige Überlängen zu vermeiden, werden diese ggf. in gekürzter Form dargestellt und mit drei Punkten (...) abgekürzt. Alle in den Codebeispielen verwendeten Namen sind fiktiv und jegliche Ähnlichkeiten mit realen Personen sind zufällig. Trotz sorgfältiger Prüfung kann eine Haftung für die Richtigkeit, Vollständigkeit, Aktualität und eventuelle Schäden, die durch die Nutzung der im Rahmen dieser Lektüre angebotenen Codebeispiele entstehen, nicht übernommen werden.

Die Kapitel dieses Buches sind individuell verständlich. Lediglich das Fallbeispiel des Kap. 11 baut auf das Fallbeispiel des vorstehenden Kap. 10 auf. Um eine einfache Lesbarkeit zu gewährleisten, wird in diesem Buch bei Personenbezeichnungen die männliche Form verwendet. Diese Bezeichnungen umfassen alle Geschlechter.

Inhaltsverzeichnis

Abkürzungsverzeichnis

API	Application Programming Interface
BPM	Business Process Management
CA	Cognitive Automation
CAP	Computer Aided Publishing
CC	Creative Cloud
CD	Corporate Design
CEF	Chromium Embedded Framework
CEP	Common Extensibility Platform
CI	Corporate Identity
CME	Computational Model of Emotions
CMS	Content-Management-System
CPA	Cognitive Process Automation
CRPA	Cognitive Robotic Process Automation
CS	Creative Suite
CSS	Cascading Style Sheets
CSV	Comma-separated Values
DAM	Digital-Asset-Management
DBMS	Datenbankmanagementsysteme
DBP	Database Publishing
DDP	Data Driven Publishing
DIN	Deutsches Institut für Normung
DL	Deep Learning
DOM	Document Object Model
DTD	Document Type Definition
DTP	Desktop-Publishing
ECMAScript	European Computer Manufacturers Association Script
EP	Electronic Publishing
ESTK	ExtendScript Toolkit
ETL	Extract-Transform-Load
GPM	Geschäftsprozessmanagement
GREP	Global Regular Expression Print

HTML	Hypertext Markup Language
ICR	Intelligent Character Recognition
IDE	Integrated Development Environment
IDI	Informatica Data Integration
IDML	InDesign Markup Language
IPA	Intelligent Process Automation
IT	Informationstechnik
JPEG	Joint Photographic Experts Group
JS	JavaScript
JSON	JavaScript Object Notation
JSX	JavaScript-based ExtendScript
KI	Künstliche Intelligenz
ML	Machine Learning
MS	Microsoft
NLP	Natural Language Processing
OCR	Optical Character Recognition
PARC	Palo Alto Research Center
PC	Personal Computer
PDF	Portable Document Format
PDI	Pentaho Data Integration
PDL	Page Description Language
Plist	Property List
PM	Projektmanagement
PNG	Portable Network Graphics
PS	PostScript
RAM	Random-Access Memory
Regex	Regular Expression
REST	Representational State Transfer
RPA	Robotic Process Automation
SaaS	Software as a Service
SDK	Software Development Kit
SOAP	Simple Object Access Protocol
SQL	Structured Query Language
SSIS	SQL Server Integration Services
SSOT	Single Source of Truth
TDI	Talend Data Integration
UDT	UXP Developer Tools
UI	User Interface
URL	Uniform Resource Locator
UX	User Experience
UXP	Unified Extensibility Platform
VBScript	Visual Basic Script

VDP	Variable Data Publishing
VS	Visual Studio
WYSIWYG	What You See Is What You Get
XML	Extensible Markup Language
XPath	XML Path Language
XSLT	Extensible Stylesheet Language Transformations

Abbildungsverzeichnis

Tabellenverzeichnis

Desktop-Publishing

Zusammenfassung

DTP bzw. das „Publizieren vom Schreibtisch aus" wurde 1985 durch die Kooperation der Unternehmen Adobe Systems, Aldus Corporation und Apple Computer geboren. Davor arbeiteten Grafiker noch mit handwerklichen Methoden z. B. mit Papier, Schere und Klebstoff. Die Einführung von DTP hatte große Auswirkungen auf Unternehmensstrukturen und etablierte eine neue zentrale Rolle des DTP-Publizisten – eine Konsolidierung diverser Rollen, z. B. der des Grafikers, Typografen, Textsetzers und Sekretärs – in einer Organisation. Der Zeitaufwand vieler DTP-Prozesse wurde von mehreren Stunden oder sogar Tage auf Minuten oder sogar Sekunden drastisch reduziert. Aldus Corporation – das Unternehmen hinter der DTP-Anwendung PageMaker – wurde 1994 von Adobe gekauft und PageMaker diente als Grundlage für das im Jahr 1999 veröffentlichte Adobe InDesign. Heute kann InDesign sowohl als Einzelanwendung als auch als Teil eines gebündelten Softwarepakets lizenziert werden. Adobe-Anwendungen, darunter InDesign, gelten bis heute als Industriestandard im DTP-Bereich. Weiterhin haben sich bis heute mit den rasanten, technischen Fortschritten nicht nur die Möglichkeiten stark gewandelt, mit welchen Werkzeugen man Content erstellen möchte, sondern auch die Auswahlmöglichkeiten der Medien worüber man eine Botschaft kommunizieren möchte, vervielfacht.

1.1 Beginn einer Design-Revolution

Die Geburtsstunde des DTP wird definiert durch die Partnerschaft der drei Unternehmen Adobe Systems, Aldus Corporation und Apple Computer im Jahr 1985 und die Verknüpfung ihrer Produkte: der Mikrocomputer Apple Macintosh, die Software Aldus

E. Gündoğan, *Robotic Process Automation (RPA) im Desktop-Publishing*, https://doi.org/10.1007/978-3-658-46622-0_1

PageMaker und der Adobe-PostScript(PS)-fähige Laserdrucker Apple LaserWriter. Diese Zusammensetzung stieß den Beginn einer Design-Revolution an und ermöglichte erstmals das effiziente und preisgünstige Erstellen von Druckerzeugnissen am eigenen Schreibtisch bzw. das „Publizieren vom Schreibtisch aus". DTP ist ein Begriff, der die schnelle und preisgünstige Gestaltung von Texten und Grafiken mithilfe einer entsprechenden Softwareanwendung am Computer beschreibt. Dieser Begriff wurde von Paul Brainerd, dem Gründer des Softwareunternehmens Aldus Corporation, geprägt und gewählt, da alle für die Inhaltserstellung notwendigen Werkzeuge wie Personal Computer (PC) und Drucker auf einen Schreibtisch passen. In der Tat werden heute alle Druckprodukte wie Druckerzeugnisse im Corporate Design (CD) (Visitenkarten, Geschäftsbriefpapier usw.), Werbebroschüren, Kataloge und Bücher fast vollständig mittels eines PC erstellt. Zusammengefasst ist DTP eine Kombination aus Textverarbeitung, Satz und Layoutgestaltung und funktioniert nach dem What-you-see-is-what-you-get(WYSIWYG)-Prinzip – der Anwender kann noch vor dem eigentlichen Druckverfahren auf dem Bildschirm sehen, wie das fertige Ergebnis aussehen wird. Bevor sich der Begriff ‚Desktop-Publishing' als Standard durchsetzte, kursierten weitere Begriffe wie ‚Computer Aided Publishing' (CAP) und ‚Electronic Publishing' (EP) auf dem Markt.

Bei der Interpretation des Begriffs DTP spalten sich die Meinungen. Nach Baumann und Klein ist der Begriff irreführend, da es beim DTP lediglich um das Herstellen von Druckvorlagen geht und nicht zusätzlich um den nächsten Schritt des Publizierens. Nach Crocker und Walden ist der Begriff jedoch historisch bedingt durch die Verknüpfung der drei Schlüsselprodukte Macintosh, PageMaker und LaserWriter – ein Laserdrucker, womit der Schritt des Publizierens in der Tat durchgeführt werden kann – entstanden. Daraus lässt sich schließen, dass die Bedeutung des Begriffs mit dem ursprünglichen Grundgedanken von Crocker und Walden übereinstimmt.

Bis heute haben sich mit den rasanten, technischen Fortschritten nicht nur die Möglichkeiten stark gewandelt, mit welchen Werkzeugen man Content – Inhalte, die bestimmte Botschaften übermitteln – erstellen möchte. Ebenso haben sich die Auswahlmöglichkeiten der Medien bzw. Plattformen, worüber man letztendlich die Botschaft kommunizieren möchte, vervielfacht. Auch wenn diese neuartigen Arbeitsabläufe zu Pionierzeiten des DTP nicht absehbar waren, hatte die Einführung von DTP-Systemen große Auswirkungen auf betroffene Unternehmensstrukturen. Diese werden nachfolgend näher beschrieben.

1.2   Historische Entwicklung des Desktop-Publishings

Bevor DTP-Systeme eingeführt wurden (s. Abb. 1.1), arbeiteten Grafiker noch mit handwerklichen Methoden. Beispielsweise wurden Korrekturschleifen mit Papier, Schere und Klebstoff durchgeführt. Viele Entwurfsschritte, wie das Ändern der Schrift- oder Bildgröße, beanspruchten mehrere Stunden oder sogar Tage. Mit der Einführung von DTP wurde der Zeitaufwand vieler dieser Prozesse auf Minuten oder sogar Sekunden drastisch reduziert. Neben der Effizienz nutzten Grafiker die neuen Gestaltungsmöglichkeiten, um

Abb. 1.1 Arbeitsorganisation
vor der DTP-Einführung

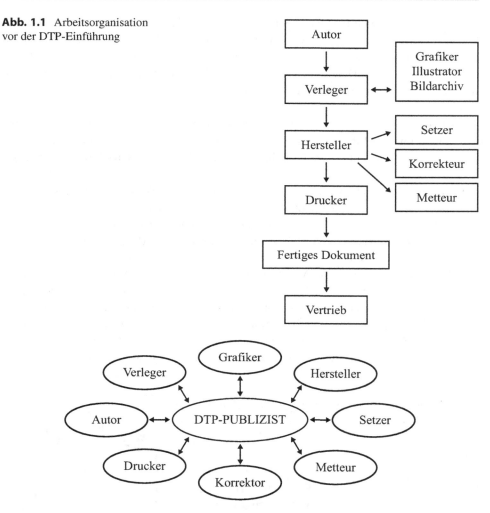

Abb. 1.2 Arbeitsorganisation nach der DTP-Einführung

so eigene Ideen noch präziser in kreativer Ausdrucksweise kommunizieren zu können. Die Einführung von DTP bedeutete ebenfalls, dass mehrere Techniken wie die des Grafikers, Typografen, Textsetzers und Sekretärs an einer einzigen Stelle – dem so genannten DTP-Publizisten – konsolidiert und somit einige Tätigkeitsfelder komplett redundant wurden. Aufgrund der vielfältigen Aufgabenbereiche rückte diese neue Rolle ins Zentrum der Organisation (s. Abb. 1.2).

Die Anfänge des DTP liegen in den Entwicklungen des Xerox Palo Alto Research Center (PARC) in den früheren 1970er-Jahren. Xerox entwickelte eine Sprache zur Beschreibung von Dokumentseiten, die jedoch nicht der Öffentlichkeit zugänglich gemacht wurde, da sie mit dem eigenen Laserdrucker hätte konkurrieren können. Stattdessen verließen die beteiligten Ingenieure John Warnock und Chuck Geschke Xerox, gründeten ihr eigenes Unternehmen Adobe Systems und brachten PS, den späteren Industriestandard für Seitenbeschreibungssprachen – im Englischen ‚Page Description Language' (PDL) – heraus. Der eigentliche Durchbruch im Bereich des DTP gelang der Aldus Corporation im Jahr 1985 mit der Anwendung PageMaker, das für den Macintosh von Apple entwickelt wurde.

Nach der Herausgabe der DTP-Anwendung PageMaker (s. Abb. 1.3) von Aldus Corporation im Jahr 1985 erschienen weitere Anwendungen, wie beispielsweise das im Jahr 1986 veröffentlichte Ventura Publishers für IBM-PCs, das nachträglich im Jahr 1990 von Xerox abgekauft wurde, 1993 an Corel weiterverkauft wurde und seitdem als Corel Ventura lizenziert wird. Aldus Corporation wurde 1994 von Adobe gekauft und PageMaker diente als Grundlage für das im Jahr 1999 veröffentlichte Adobe InDesign.

Seit 2003 kann InDesign sowohl als Einzelanwendung als auch als Teil eines gebündelten Softwarepakets – ehemals genannt Creative Suite (CS) – neben Photoshop, Illustrator und weiteren Adobe-Anwendungen lizenziert werden. Dies hat unter anderem produktstrategische Gründe, da Adobe es mit ihrem Softwarepaket geschafft hat, diverse weitere Anwendungen wie InDesign noch konkurrenzfähiger im Markt aufzustellen, indem sie sie gemeinsam mit ihrem im Markt bereits etablierten Photoshop zu einem günstigen Gesamtpreis anbot und so der Kauf von Konkurrenzprodukten redundant wurde. Ab 2013 bot Adobe ihre Software nicht mehr auf physikalischen Datenträgern sondern über ihren Service Adobe CC an und stieg somit in den Cloud-Computing-Markt ein.

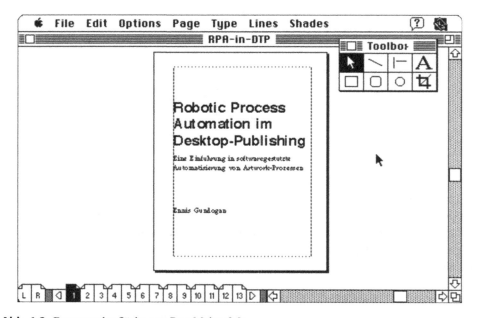

Abb. 1.3 Benutzeroberfläche von PageMaker 2.0a

Seither etabliert sich Adobe als ein bedeutender Software-as-a-Service(SaaS)-Anbieter, profitiert von neuen Vorteilen des Cloud-Computing wie verkürzte Produktupdate-Zyklen und bietet neue Cloud-Dienste wie Behance oder Adobe Stock an.

Werden die Anfänge des DTP mit den heutigen Softwarelösungen verglichen, wird deutlich, dass die Entwicklung weit vorangeschritten ist. Während den typografischen Versuchen und Umsetzungen von Kynast und Kleinert an einem DTP-System im Jahr 1988 – in den Anfangsjahren des DTP – formten die Autoren eine Anforderungsliste mit diversen Funktionen, die sie von einer DTP-Software in Zukunft erwarteten. Diese sind „fehlerfreies deutsches Trennprogramm, erweiterbares Wörterbuch, typografisch einwandfreie Unterstreichungen, Kapitälchen, manuelles Kerning, variierbarer Zeilenabstand, Absatzeinzüge, mehr Auswahl an Linien und Pfeilen, kein Verzerren beim Verkleinern, . . . Papierformate [des Deutschen Instituts für Normung (DIN)], metrisches Maßsystem, korrekte . . . [Anführungszeichen], stufenweises Schrägstellen von Text oder Abbildungen, magere Schriftschnitte, Umfließen von Abbildungen . . . , Kreis- oder Viereckausschnitte, automatische Seitennummerierung, unverfälschtes Importieren aus anderen Programmen, nachträgliches Verändern von importierten Abbildungen, problemloser Zugriff auf Sonderzeichen, deutsche . . . Handbücher und . . . perfektes WYSIWYG". Nach heutigem Stand sind nicht nur alle aufgeführten Wunschfunktionen in der DTP-Anwendung Adobe InDesign verfügbar bzw. mit wenigen Zwischenschritten in InDesign möglich, sondern die Anwendung ist mit solchen Funktionen – besonders im Rahmen der Automatisierung – ausgestattet, die zu den Anfängen des DTP nicht vorstellbar waren.

Adobe stand seit Beginn der DTP-Revolution stets im Mittelpunkt des gesamten Publishing-Marktes. Noch heute gilt Adobe InDesign als Industriestandard im Bereich DTP. Dieser Status wird unterstützt durch das Bildbearbeitungsprogramm Adobe Photoshop, veröffentlicht 1990, und das Programm zur Bearbeitung von Vektorgrafiken Adobe Illustrator, veröffentlicht 1987. Auch diese beiden Programme gelten heute als Industriestandards im Bereich der digitalen Bildbearbeitung.

Die Zukunft des Desktop-Publishings

2

Zusammenfassung

Heute lässt sich Content neben Desktop-Geräten auch auf alternativen Plattformen erstellen. Die Anwendungen Adobe Photoshop und Illustrator sind für das iPad als mobile Anwendung, sowie als Web-Anwendung verfügbar. Mit Adobe Sensei und dem darauf basierenden Firefly sind im Rahmen der KI-gestützten Bildgenerierung neue Möglichkeiten entstanden. Aktuell sind mit dem in Photoshop und InDesign integrierte Firefly Image 3, in Illustrator integrierte Firefly Vector Model und in Adobe Express integrierte Firefly Design Model drei neue Firefly-Modelle verfügbar. In Hinblick auf bisherige KI-relevante Entwicklungen ist es davon auszugehen, dass in der Zukunft des DTP die Automatisierung und KI eine noch größere Rolle übernehmen wird.

2.1 Desktop-Publishing-Anwendungen im Wandel

Mit der stark ansteigenden Nutzeranzahl für Mobilgeräte wächst ebenso die Nachfrage nach Anwendungen für die Erstellung von Content auf Mobilgeräten. Diesem Trend folgt auch Adobe mit der Portierung bisheriger Desktop-Anwendungen auf mobile Plattformen, wie das im Jahr 2019 erschienene Adobe Photoshop und das im Jahr 2020 erschienene Adobe Illustrator, die jeweils für das iPad von Apple verfügbar sind.

Es ist nicht nur davon auszugehen, dass Adobe weitere professionelle Anwendungen aus dem Desktop-Bereich als mobile Variante für Tablets und Smartphones anbietet, sondern auch, dass diese als Web-Anwendung veröffentlich werden. Der erste dahin gehende Schritt wurde 2021 in der eigenen Konferez Adobe MAX angekündigt, in der die Anwendungen Photoshop und Illustrator erstmals als Web-Anwendung präsentiert wurden.

E. Gündoğan, *Robotic Process Automation (RPA) im Desktop-Publishing*,
https://doi.org/10.1007/978-3-658-46622-0_2

2.2   Künstliche Intelligenz im Desktop-Publishing

In der CC-Umgebung spielt ebenso KI eine zunehmend größere Rolle. Das im Jahr 2018 veröffentlichte Framework Adobe Sensei verbessert die Erstellung digitaler Inhalte und stellt mehrere intelligente Dienste zur Verfügung. Dieses KI-Framework wird stets weiterentwickelt und in bisherige Anwendungen integriert, zum Beispiel das Juni-2020-Update von Photoshop, in dem das Freistellen bzw. Maskieren von Bildern mithilfe dieses Frameworks erheblich verbessert wurde. In der jährlichen Konferenz Adobe MAX erhalten Teilnehmer neben Ankündigungen ebenso Einblicke in die aktuellen Entwicklungen und Innovationen von Adobe, die zukünftig in den Produktumfang einfließen können. Zu den Innovationen der letzten Konferenzen zählen das Generieren realistischer Schlagschatten von 2-D-Objekten, die automatische Hinzufügung fehlender Personen in Fotos, die Erstellung animierter Videos aus statischen Bildern, die nachträgliche Manipulation der Lichtquelle in Fotos und Videos, das Ändern oder Hinzufügen von Gesichtsausdrücken in Portraitfotos und das Generieren von 3-D-Modellen von Fotos. Zahlreiche dieser innovativen Entwicklungen sind mit der Technologie Adobe Sensei KI-gestützt.

2023 stellte Adobe mit Firefly eine neue Plattform zur KI-gestützten Bildgenerierung in einer öffentlichen Beta zur Verfügung. Adobe Firefly baut auf Sensei auf und versteht sich als ein generatives KI-Modell. Noch im selben Jahr wurde eine Beta-Version von Photoshop mit Firefly-Integration veröffentlicht, in der das Erweitern und Entfernen von Bildausschnitten mithilfe von Textanweisungen ermöglicht wurde (Generative Fill). Eine weitere Firefly-gestützte Funktion ermöglicht nach Vergrößerung der Arbeitsfläche den entstandenen Leerraum kontextbasiert zu füllen (Generative Expand). In Abb. 2.1 ist ein beispielhaftes Ergebnis beider Funktionen dargestellt. Die im Foto unerwünschten Personen in der linken unteren Ecke werden zunächst mithilfe Generative Fill entfernt.

Abb. 2.1 Anwendung von Generative Fill und Generative Expand

Anschließend wird die Breite der Arbeitsfläche vergrößert und der entstandene Leerraum mithilfe Generative Expand gefüllt.

Im Oktober 2023 stellte Adobe die drei Firefly-Erweiterungen bzw. -Modelle Firefly Image 2, Firefly Vector Model und Firefly Design Model vor. Firefly Image 2 versteht sich als die nächste Generation der fotorealistischen Bildgenerierung und ist in Photoshop integriert. Die dritte Iteration von Firefly Image wurde im darauffolgenden Jahr 2024 veröffentlicht und ist neben Photoshop erstmals in InDesign verfügbar. Mit dem Firefly Vector Model lassen sich vektorbasierte Grafiken generieren und ist erstmals als Beta-Version in Illustrator implementiert. Zuletzt unterstützt das Firefly Design Model die Erstellung von Vorlagen wie beispielsweise Flyern und Postern für Adobe Express.

Es ist davon auszugehen, dass in der Zukunft des DTP die Automatisierung und KI hochgradig eingesetzt werden, um nicht nur Entwürfe automatisiert zu erstellen, sondern auch vervollständigte Publikationen basierend auf Layoutvorlagen, die zuvor von Menschen erstellt und nachträglich von Maschinen mit Inhalten befüllt werden. Weiterhin ist anzunehmen, dass die Automatisierung in der Nachbearbeitung (Post-Processing) und bei webbasierten Ausgaben von Publizierungen eine zunehmend wesentliche Rolle spielen wird.

Automatisierung

3

Zusammenfassung

Die Automatisierung leistet einen entscheidenden Beitrag dazu, die Position einer Organisation im Markt zu sichern und zukünftig wettbewerbsfähig zu bleiben. Je nach Branche lässt sich Automatisierung unterschiedlich definieren und abstufen. Allgemein können Automatismen in die beiden Typen Vollautomatismus und Teilautomatismus unterteilt werden. Beim Vollautomatismus wird ein Prozess vollständig von einer Maschine übernommen, während bei einem Teilautomatismus eine manuelle Tätigkeit durch eine Maschine unterstützt wird. Im Bereich der Automatismen lassen sich – je nach Automationsgrad, KI-Einsatz und Prozess-Komplexität – die vier Automationstechnologien RPA, Cognitive Process Automation (CPA), digitale Assistenten und Autonomous Agents erkennen bzw. untergliedern. Während RPA vorhandene Anwendungssysteme eines Unternehmens zur automatischen Erledigung strukturierter Aufgaben softwaregestützt bedient, können lernfähige CPA-Systeme Datenmuster erkennen, um so vielschichtig und in dynamischen Prozessstrukturen eingesetzt werden zu können. Digitale Assistenten bzw. Sprachassistenten sind fähig, natürliche menschliche Dialoge aufzunehmen, zu verarbeiten und Antworten auf komplexe Fragen zu liefern. Unter Autonomous Agents werden komplexe Softwaresysteme verstanden, die eigenständig Entscheidungen treffen und weiterführende Prozesse in Gang setzen können.

3.1 Überblick

Effizienz sowie kostengünstiges und kundenorientiertes Arbeiten sind für Unternehmen eine zwingende Notwendigkeit, um die eigene Position im Markt zu sichern und zukünftig

E. Gündoğan, *Robotic Process Automation (RPA) im Desktop-Publishing*, https://doi.org/10.1007/978-3-658-46622-0_3

wettbewerbsfähig zu bleiben. Dabei leistet die Automatisierung einen entscheidenden Beitrag. Automatisierung ist die technologische bzw. maschinelle Ausführung einer Tätigkeit, die zuvor von einem Menschen ausgeführt wurde, mit dem Ziel, die Gewinnmaximierung und Effizienzsteigerung in einer Organisation zu fördern. Mit Automatisierung verwandt ist der Begriff ‚Automat‘, dessen Herkunft aus dem Griechischen (autómatos) stammt und ‚sich selbst bewegend‘ bedeutet.

Je nach Branche kann die Definition von Automatisierung variieren. Im Bereich des autonomen Fahrens beispielsweise wird Automatisierung in die fünf Stufen assistiert, teilautomatisiert, hochautomatisiert, vollautomatisiert und fahrerlos unterteilt. Bei Dienstleistungen wird bei Automatismen zwischen drei Graden unterschieden: (1) Es ist keine Automatisierung vorhanden. (2) Unterstützung der Tätigkeiten durch Automatismen. (3) Vollständig automatisierte Durchführung der Tätigkeiten.

Im Allgemeinen können Automatismen in die beiden Typen Vollautomatismus und Teilautomatismus unterteilt werden. Beim Vollautomatismus wird ein Prozess vollständig von einer Maschine übernommen, während bei einem Teilautomatismus eine manuelle Tätigkeit durch eine Maschine unterstützt wird. Beide Typen erfordern nach wie vor menschliche Fähigkeiten. In Bezug auf DTP können Hilfsmittel wie Skripte oder Plugins, die in DTP-Anwendungen integriert werden und von den Anwendern eine Benutzereingabe vor oder während der Durchführung eines Artwork-Prozesses benötigen, als Typ ‚Teilautomatismus‘ verstanden werden. Komplexe DTP-Systeme, die umfangreiche Aufgaben vollautomatisch und ohne menschliche Interaktion durchführen können, können als Vollautomatismen kategorisiert werden.

Im Bereich der Automatismen lassen sich die vier Automationstechnologien RPA, CPA, digitale Assistenten und Autonomous Agents erkennen. Je nach Automationsgrad, KI-Einsatz und Prozess-Komplexität lassen sich diese Technologien in vier Stufen untergliedern (s. Abb. 3.1).

3.1.1   Robotic Process Automation (RPA)

RPA bedient vorhandene Anwendungssysteme eines Unternehmens zur automatischen Erledigung strukturierter Aufgaben und ist eine softwaregestützte Form der Geschäftsprozessautomatisierung. Der Einsatz von RPA eignet sich für sich wiederholende, einfache Anwendungsfälle und Aufgaben, die einen monotonen Charakter aufweisen, vom Mitarbeiter als ermüdend empfunden werden und die keine oder wenige Entscheidungen durch Menschen erfordern. Diese Aufgaben können in die drei Aufgabentypen (1) Routineaufgaben (Kopieren und Verknüpfen von Daten aus unterschiedlichen Anwendungssystemen), (2) auf Regeln basierende, strukturierte Aufgaben (Datennutzung und -bewertung von unterschiedlichen Anwendungssystemen) und (3) neben Daten und Regeln zusätzliches Erfahrungswissen erfordernde, unstrukturierte Aufgaben gegliedert werden. Bei Routineaufgaben werden Daten aus mehreren Anwendungssystemen kombiniert während bei strukturierten Aufgaben mithilfe Daten aus Anwendungssystemen und vordefinierten

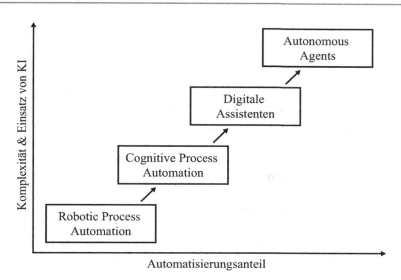

Abb. 3.1 Stufen der Automatisierung

Regeln eine konkrete Entscheidung getroffen wird. Für die Erledigung unstrukturierter Aufgaben sind zusätzlich zu den oben genannten Bedingungen weiterführende Erfahrungswerte erforderlich. In jedem Fall beruht die Erledigung dieser routinierten Prozesse auf vordefinierten Geschäftsregeln und Rahmenbedingungen und wird manuell ohne technologische Unterstützung ausgeführt.

Die RPA kann als die Tätigkeiten eines Menschen nachahmenden, virtuellen Mitarbeiter gesehen werden. Zu den typischen Tätigkeiten zählen beispielsweise die Befüllung von Textfeldern oder die Auswahl von Auswahlfeldern im User Interface (UI). Ein weiterer möglicher Anwendungsfall, der von der RPA übernommen werden kann, ist das Abfragen bestimmter Spreadsheet- oder Datenbankdaten. Tausende aufwendige Abfragen, die zuvor ein Sachbearbeiter manuell getätigt hat, können so von RPA-Systemen binnen weniger Sekunden bearbeitet werden. Ebenso gehören die Datenprüfung und -aktualisierung zu einem weiteren möglichen Anwendungsfall, in dem beispielsweise Kundenstammdaten automatisch auf Richtigkeit und Aktualität geprüft und ggf. aktualisiert werden. Die Mehrheit der Automatismen im DTP-Bereich lassen sich als RPA-Software verstehen.

3.1.2 Cognitive Process Automation (CPA)

CPA ist die nächste Stufe der RPA. Neben CPA existieren weitere Bezeichnungen wie Cognitive Robotic Process Automation (CRPA), Cognitive Automation (CA) oder Intelligent Process Automation (IPA). Hierbei wird die RPA mit Komponenten der KI-Techniken wie Machine Learning (ML), Natural Language Processing (NLP), Text Mining, Optical

Character Recognition (OCR) und Intelligent Character Recognition (ICR) kombiniert und zur Erledigung komplexer Aufgaben eingesetzt.

CPA ist in der Lage, Datenmuster zu erkennen, um so vielschichtig und in dynamischen Prozessstrukturen eingesetzt werden zu können. Die Technologie ist lernfähig, erweiterbar und passt sich bei veränderten Rahmenbedingungen automatisch den neuen Problemstellungen an. Die hohe Transparenz der CPA-Technologie ist bei der Identifizierung von Störfaktoren in einem System unterstützend.

3.1.3 Digitale Assistenten

Digitale Assistenten – auch Sprachassistenten genannt – sind eine Weiterentwicklung von Chatbots und fähig, natürliche menschliche Dialoge aufzunehmen, zu verarbeiten und Antworten auf komplexe Fragen zu liefern. Dazu greifen sie auf fortgeschrittene KI-Systeme zu, nicht nur, um den gesprochenen Dialog verstehen zu können, sondern auch, um diesen mit weiteren Benutzerdaten verknüpfen und sich weiter fortbilden zu können. Demnach sind digitale Assistenten lernfähig und greifen je nach Anwendungsfall auf bestehende Daten wie Kaufhistorien, Standort oder personenbezogene Daten zu. Für Verbraucher stehen heute zahlreiche digitale Assistenten zur Verfügung, die den Alltag sowohl in Form von stationären Hardware-Lösungen wie Amazons Alexa als auch in Form von Softwarelösungen wie Apples Siri, Microsoft(MS)s Cortana oder Samsungs Bixby, die in mobilen Geräten integriert sind, erleichtern. Unternehmen setzen digitale Assistenten für ihre Kunden gerne dazu ein, um einen Touchpoint für Fragen und Interaktionen mit dem Unternehmen anzubieten. Die Interaktion zwischen dem Menschen und dem digitalen Assistenten kann sowohl für die Kundengewinnung als auch für die Lösung unterschiedlicher Support-Fälle genutzt werden. So ist es üblich, dass für den IT-Betrieb digitale Assistenten und Chatbots genutzt werden, um die Automatisierung des First-Level-Supports weitestgehend voranzutreiben. Die Qualität der Ergebnisse von digitalen Assistenten ist abhängig von der Qualität der Daten, mit denen die Assistenten verknüpft sind. Je mehr qualitative Nutzererfahrungen digitale Assistenten aufgreifen können, umso präzisere Antworten können sie liefern.

3.1.4 Autonomous Agents

Unter Autonomous Agents werden komplexe Softwaresysteme verstanden, in denen Deep Learning (DL) eingesetzt wird, sodass die Agents eigenständig Entscheidungen treffen und weiterführende Prozesse in Gang setzen können. DL ist die maschinelle Fähigkeit, Sachverhalte eigenständig erlernen zu können. Gestützt werden Autonomous Agents durch umfangreiche Datensätze – auch Big Data genannt – die sowohl strukturiert als auch unstrukturiert vorliegen und in Echtzeit ausgewertet und analysiert werden können.

Die Entwicklung und Implementierung von Systemen, die menschliche emotionale Reize verarbeiten können – genannt Computational Model of Emotions (CME) – ist im Rahmen von Autonomous Agents eine große Herausforderung. Menschliche kognitive Prozesse wie Entscheidungsfindung können nämlich in der Realwelt von unterschiedlichen Emotionen und Gefühlen beeinflusst werden, die wiederum von weiteren Motiven wie Motivation und Persönlichkeiten beeinträchtigt werden können. Diese Aspekte in künstlichen Systemen nachzubilden stellt eine große Schwierigkeit dar.

Die Zukunft der Automatisierung

4

Zusammenfassung

KI-gestützte Systeme werden eine zunehmend bedeutendere Rolle spielen und Entwicklungen im ML werden mit der Zeit kontinuierlich ausgereifter sein. Maschinen werden so lange von Menschen nachjustiert, bis sie über ausreichend Erfahrungswerte verfügen, um vollständig eigenständig agieren können. Die steigende Anzahl von Softwareautomatismen führt zu einer Debatte über den hohen Verlust von Arbeitsplätzen. Diese Bedenken sind jedoch noch unbegründet, da heute bei Weitem nicht jede Automatisierungsmöglichkeit vollständig genutzt wird. Weiterhin werden Aufgabengebiete des Menschen und der Maschine flexibel aufgeteilt. Automatisierungstechnologien werden nicht zu Arbeitsplatzverlusten führen, sondern lediglich die Produktivität in Organisationen steigern. Es werden keine Arbeitsplätze rationalisieren sondern Tätigkeiten. So werden Fachkräfte an anderen Stellen anspruchsvolleren Aufgaben nachkommen können. Weiterhin werden durch Automatismen gestützte Systeme stets Menschen benötigen, die diese bewachen. Daraus lässt sich schlussfolgern, dass Fachkräfte sich in Zukunft weiterbilden müssen, um diese neuartigen Tätigkeiten durchführen zu können.

4.1 Überblick

Sowohl in der Wirtschaft als auch im Alltag werden KI-gestützte Systeme eine zunehmend bedeutendere Rolle spielen. Die Entwicklungen im ML werden mit der Zeit kontinuierlich ausgereifter sein, sodass die Gewährleistung eigenständiger Entscheidungsfindungen immer weiter gestärkt wird. Maschinen werden in Zukunft mit einer zunehmenden Zahl von Problemen konfrontiert werden, für die multiple mögliche Lösungswege existieren.

E. Gündoğan, *Robotic Process Automation (RPA) im Desktop-Publishing*, https://doi.org/10.1007/978-3-658-46622-0_4

Kann sich die Maschine nicht selbstständig für einen Lösungsweg entscheiden, wird diese Erfahrung vom Menschen analysiert, eine Lösung konkretisiert und dieser Lösungsweg als Regel für zukünftige, gleichartige Probleme definiert. Diese Entwicklung wird so lang stattfinden, bis Maschinen ausreichend Erfahrungswerte zur Verfügung stehen, um vollständig eigenständig agieren können.

Die Tatsache, dass eine steigende Anzahl von Routineaufgaben von Robotern und Softwareautomatismen abgenommen werden, die ursprünglich von Menschen durchgeführt wurden, führt zu einer Debatte über den hohen Verlust von Arbeitsplätzen. Ebenfalls in der Branche des Grafikdesigns machen sich die Veränderungen durch KI und durch Automatisierung und die daraus resultierenden Bedenken bemerkbar. Diese Bedenken sind jedoch noch unbegründet, da heute bei Weitem nicht jede Automatisierungsmöglichkeit vollständig genutzt wird, obwohl es theoretisch möglich wäre. Mit dem Strukturwandel lässt sich außerdem beobachten, dass Aufgabengebiete des Menschen und der Maschine flexibel aufgeteilt werden. Automatisierungstechnologien wie RPA werden nicht zu Arbeitsplatzverlusten führen, sondern lediglich die Produktivität in Organisationen steigern. RPA wird keine Arbeitsplätze rationalisieren sondern Tätigkeiten. Dies wird zu einer Umstrukturierung von Tätigkeitsfeldern führen und Fachkräfte werden an anderen Stellen anspruchsvolleren Aufgaben nachkommen können. Durch Automatismen gestützte Systeme benötigen stets Menschen, die diese bewachen. Daraus lässt sich schlussfolgern, dass Fachkräfte sich in Zukunft weiterbilden müssen, um diese neuartigen Tätigkeiten durchführen zu können. Im DTP-Bereich können zukünftige Grafikdesigner beispielsweise neben ihren bisherigen gestalterischen Fähigkeiten weitere Kompetenzen wie Programmierung anlernen, um z. B. kleinere Skripte zur Optimierung eigener Arbeitsabläufe zu realisieren oder um komplett in die DTP-Automatisierung umzusteigen und somit einen Quereinstieg in die IT zu verwirklichen.

Automatisierung von Artwork-Prozessen

5

Zusammenfassung

Die Automatisierung greift dann ein, wenn sich Prozesse nach einem bestimmten Muster wiederholen. Die Spanne der Automatisierungsmöglichkeiten im Rahmen der Artwork-Prozesse reicht von kleinen Hilfsmitteln wie in DTP-Software eingebundene Skripte bis hin zu komplexen Softwareinfrastrukturen, die das automatisierte Publishing realisieren. Viele heutige DTP-Anwendungen bieten diverse Schnittstellen und Erweiterungsmöglichkeiten für Entwickler an. Wie bei allen Automatismen sind auch im Bereich des DTP die allgemeinen Hauptziele die Kosteneinsparung im Unternehmen und die Verbesserung der Endergebnisse durch Standardisierungen und Fehlerreduzierungen sowie die Entlastung der Mitarbeiter bezüglich aufwendiger und monotoner Aufgaben. Im Gegensatz zum gestalterischen Designprozess sind Menschen bei der Durchführung von sich wiederholenden Prozessen ineffizient. Dazu zählen beispielsweise Copy-Paste-Tätigkeiten oder das wiederholte Produzieren grafischer Assets. Der Strukturwandel von manuellen zu automatisierten Prozessen wird im besten Fall mit einer Sinnstiftung verknüpft. Indem Mitarbeiter in den Veränderungsprozess einbezogen werden und ihnen transparent der Sinn dieser Veränderungen nahegebracht wird, reduziert sich nicht nur die Angst vor Veränderungen, sondern die Motivation der Mitarbeiter wird durch die Einwirkungsmöglichkeit erhöht. Bei einem Strukturwandel geht es nicht um Entlassung, sondern vielmehr um Entlastung. Die Entwicklung von DTP-Automatisierungslösungen sind variabel und abhängig davon, wie die Geschäftsprozesse im jeweiligen Unternehmen gestaltet sind und wie mit ihnen umgegangen wird.

E. Gündoğan, *Robotic Process Automation (RPA) im Desktop-Publishing*, https://doi.org/10.1007/978-3-658-46622-0_5

5.1   Überblick

Mit Artwork-Prozessen sind diejenigen Prozesse im Rahmen der Medienproduktion gemeint, die während der Transformation einer Werbestrategie oder eines Kreativbriefings in ein Drucklayout oder in einen Web-Content innerhalb der Produktionsphase durchgeführt werden. Im Printbereich finden diese Prozesse in der Phase der Druckvorstufe statt. Gemeint sind nicht der Kreativprozess und der Entwurf einer Designvorlage, sondern die Zusammenführung von Grafiken und Texten für Print- oder Digitalmedien in professioneller Form. Zu den druckbaren Layouts zählen u. a. Kataloge, Flyer, Briefbögen, Verpackungen, Plakate, Bücher und Magazine, während zu den möglichen Inhalten für das Web Online-Kataloge, Infografiken, digitale Whitepapers und eBooks zählen. Die möglichen Berufsbezeichnungen für diese Tätigkeiten sind Kommunikationsdesign, Grafikdesign, Mediendesign und Reinzeichnung.

So wie es bei zahlreichen Bereichen in der Wirtschaft der Fall ist, greift die Automatisierung dann ein, wenn sich Prozesse nach einem bestimmten Muster wiederholen. Insbesondere bei Layouts mit einer hohen Anzahl an Texten und grafischen Elementen eignet sich der Einsatz von Automatismen, in denen Vorlagen bzw. Masterdokumente mit variablen Platzhaltern für Texte und Grafiken mithilfe externer Datenquellen wie Datenbanken befüllt werden. Dieses Verfahren verfügt über diverse Bezeichnungen, darunter Data Driven Publishing (DDP), Variable Data Publishing (VDP), Datenzusammenführung, Dynamic Publishing und Database Publishing (DBP).

Die Spanne der Automatisierungsmöglichkeiten im Rahmen der Artwork-Prozesse reicht von kleinen Hilfsmitteln wie in DTP-Software eingebundene Skripte bis hin zu komplexen Softwareinfrastrukturen, die das automatisierte Publishing realisieren. Viele heutige DTP-Anwendungen bieten diverse Schnittstellen und Erweiterungsmöglichkeiten für Entwickler an, darunter alle gängigen Adobe-Anwendungen, QuarkXPress, Sketch, Figma u. v. a. m. In den nachfolgenden Kapiteln werden konkrete Methoden der softwaregestützten Automatisierung von Artwork-Prozessen im DTP-Bereich aufgeführt. Die meisten technologischen Methoden dieser Lektüre sind auf Adobe-Anwendungen gerichtet. Je nach Bedarf und Komplexität können diese sowohl individuell zum Einsatz kommen als auch zu einer umfangreichen Softwareinfrastruktur gebündelt und in die bestehende IT-Infrastruktur implementiert werden. Für die Realisierung umfangreicher DTP-Softwareprojekte ist Know-how sowohl aus der Softwareentwicklung als auch aus der Mediengestaltung vorteilhaft.

5.2   Anfänge des automatisierten Publishings

Zu den Anfängen des automatisierten Publishings gehört der in der Mitte der 1980er-Jahre von Nelson entwickelte constraintbasierte Zeichnungseditor ‚Juno' und dessen Weiterentwicklung von Heydon und Nelson zu ‚Juno-II' in den frühen 1990er-Jahren. Jacobs et al. entwickelten ein Layoutsystem, in dem sich das Seitenlayout dem Inhalt anpasst – ähnlich der Funktionsweise des Responsive Webdesign im Bereich der heutigen Webentwicklung – und je nach Text- und Bildumfang eine entsprechende Vorlage für das Seitenlayout ausgewählt wird. Mit den Entwicklungen von Johari et al. wurde beispielsweise die automatische Erstellung des amerikanischen Branchenverzeichnisses ‚Yellow Pages' mit fortlaufender Seitennummerierung ermöglicht.

5.3   Adobe-Technologien

Automatisiertes Publishing gewann in der Produktfamilie von Adobe mit der Einführung von InDesign 2.0 im Jahr 2002 und der damit eingeführten Extensible-Markup-Language(XML)-Unterstützung sowie mit der Einführung von CS2 und der Skript-Unterstützung – sowohl in InDesign als auch in weiteren Anwendungen wie Photoshop und Illustrator – im Jahr 2005 an besonderer Bedeutung. Im weiteren Verlauf der Softwareaktualisierungen von Adobe-CS- und später Adobe-CC-Anwendungen wurde die Erweiterbarkeit der DTP-Anwendungen mit Einführung neuer Technologien und der Optimierung bestehender Methoden kontinuierlich gefördert. Der Adobe Tech Blog[1] dient heute als eine kontinuierlich aktualisierte Quelle, um sich über Adobe-Technologien und -Entwicklungen zu informieren. In den nachfolgenden Kapiteln werden gängige, für die DTP-Automatisierung relevante technologische Methoden vorgestellt.

5.4   Zielsetzung und Sinnhaftigkeit

Wie bei allen Automatismen sind auch im Bereich des DTP die allgemeinen Hauptziele die Kosteneinsparung im Unternehmen und die Verbesserung der Endergebnisse durch Standardisierungen und Fehlerreduzierungen sowie die Entlastung der Mitarbeiter bezüglich aufwendiger und monotoner Aufgaben. Im gestalterischen Designprozess können Menschen herausragende Ergebnisse erzielen. Bei der Durchführung von sich wiederholenden Prozessen, beispielsweise bei der Gestaltung von Hunderten oder Tausenden Katalog- oder Verzeichnisseiten, sind sie wiederum ineffizient. Somit lassen sich aus der Automatisierung sowohl aus Sicht des Unternehmens als auch aus Sicht des Mitarbeiters zahlreiche Vorteile gewinnen. Die Wahrscheinlichkeit, dass Automatismen in Zukunft kreative Prozesse übernehmen und vollständige Designs erstellen können, ist eher gering, da Kreativität keine von Automatismen lösbare Aufgabe ist.

Die Internationalisierung, Ressourcenverknappung, Marktsättigungen sowie die vielfältigen Kundenbedürfnisse fordern heutige Unternehmen immer weiter heraus und führen zur Verschärfung der Wettbewerbssituation. Für Unternehmen ist eine Veränderung der Organisationsstruktur dann zwingend notwendig, wenn bestehende Prozesse und Strukturen

---

[1] https://medium.com/adobetech

nicht mehr den Strategien entsprechen, um die Unternehmensziele zu erreichen. Insbesondere die Digitalisierung und neuartige technologische Herausforderungen führen dazu, dass sich Arbeitsweisen und Organisationsstrukturen stark verändern. Entwicklungen und Transformationen in Branchen fordern Unternehmen personell und finanziell heraus, damit technologische Entwicklungen nicht verpasst werden und das Unternehmen mithilfe neuer Geschäftsmodelle im Markt weiterhin konkurrenzfähig bleibt. Aus diesen Gründen eignet sich der Einsatz von Automatisierung, um alte Strukturen zu rationalisieren, sodass Mitarbeiter sich auf neue, wesentlichere Aufgaben und Herausforderungen konzentrieren und sich somit mit diesen besser identifizieren können.

Im Bereich des DTP zählen zu den repetitiven manuellen Aufgaben diejenigen Prozesse, die sich nach einem bestimmten Muster wiederholen. Dazu zählen beispielsweise Kopieren-Einfügen- bzw. Copy-Paste-Prozesse oder das wiederholte Produzieren grafischer Assets. Der Strukturwandel vom Manuellen zum Automatisierten wird im besten Fall mit einer Sinnstiftung verknüpft, sodass den Tätigkeiten eine neue Bedeutung zukommt. Dies bringt den Vorteil mit sich, dass Personen, die bisher ihre Arbeit als wenig inspirierend wahrnehmen, sich nun im Rahmen ihrer Tätigkeiten weiterentwickeln und sich mit bereits vorhandenen Talenten in ihnen entfalten können. Im besten Fall spiegeln sich im Umkehrschluss diese Entwicklungen in ihren eigenen Persönlichkeitsentwicklungen wider. Weiterhin ist die Wahrscheinlichkeit, dass die Einführung neuartiger Technologien bei Mitarbeitern Angst vor Verlust des eigenen Arbeitsplatzes hervorruft, hoch. Indem die Mitarbeiter jedoch in den Veränderungsprozess einbezogen werden und ihnen transparent der Sinn dieser Veränderungen nahegebracht wird, reduziert sich nicht nur die Angst vor Veränderungen, sondern die Motivation der Mitarbeiter wird durch die Einwirkungsmöglichkeit erhöht. Die klare Botschaft an Mitarbeiter sollte demnach lauten, dass es bei dem Strukturwandel nicht um Entlassung geht, sondern vielmehr um Entlastung. Sie sollten allgemein keine Angst vor der Automatisierung und den damit hervorgerufenen Veränderungen haben und sich vielmehr darauf konzentrieren, welche Vorteile sie mit sich bringen, wie diese in bestehende Geschäftsprozesse eingesetzt werden können und vor allem wie jeder einzelne Mitarbeiter bei dieser Transformation mitwirken kann.

Es existiert in der DTP-Automatisierung kein einheitliches, für jeden Anwendungsfall gültiges Konzept, da jedes Unternehmen unterschiedliche Unternehmensziele verfolgt und Geschäftsprozesse dementsprechend individuell gestaltet und realisiert sind. Die Entwicklung einer DTP-Automatisierungslösung ist abhängig davon, wie die Geschäftsprozesse im Unternehmen gestaltet sind und wie mit ihnen umgegangen wird. In welchen Formaten und auf welchem Weg werden Kundendaten geliefert? Gibt es überhaupt einen bestimmten Kunden? Müssen nachträgliche Änderungen beispielsweise in Texten oder Bildern berücksichtigt werden? In welchem Format werden die Druck- und Mediendaten exportiert und wie werden sie versandt? Diese und zahlreiche weitere Fragen sind während der Entwurfsgestaltung von Automatisierungssystemen zu beantworten.

Extensible Markup Language (XML)

6

Zusammenfassung

Mithilfe der Auszeichnungssprache XML wird in InDesign die strikte Trennung von Layout und Text ermöglicht. Eine sehr mächtige XML-Funktion in InDesign ist die Möglichkeit, zuvor importierte oder in InDesign erstellte XML-Tags vordefinierten Formaten wie Absatzformate, Zeichenformate und Tabellenformate zuzuweisen. So ist es möglich, binnen kürzester Zeit ganze Layoutvorlagen fertig formatiert mit Inhalten zu befüllen. Eine Extensible-Stylesheet-Language-Transformations(XSLT)-Datei gibt während eines XML-Imports u. a. vor, in welcher Reihenfolge die XML-Elemente sortiert werden sollen, sofern die Reihenfolge der Tags in InDesign von der der XML-Elemente abweicht. Um Vorkommnisse bestimmter Elemente, Attribute und Entities einer XML-Datei zu überprüfen, werden Document-Type-Definition(DTD)-Dateien eingesetzt. Sie geben demnach die erwartete XML-Struktur einer XML-Datei an. Eine weitere mit XML verwandte InDesign-Funktion ist die sogenannte InDesign Markup Language (IDML), welches eine von Adobe eingeführte Auszeichnungssprache ist, um ganze InDesign-Dokumente im XML-Format zu beschreiben. So wäre es theoretisch möglich, ein InDesign-Dokument komplett mit XML zu bearbeiten oder sogar zu erstellen. Basierend auf IDML sind sogenannte InDesign-Snippets im IDMS-Dateiformat. Eine Snippet ist eine XML-Datei, welches ein InDesign-Asset beschreibt. Es können beliebige InDesign-Assets als Snippet exportiert werden. Ebenso können sie in ein InDesign-Dokument importiert und beliebig bearbeitet werden.

© Der/die Autor(en), exklusiv lizenziert an Springer Fachmedien Wiesbaden GmbH, ein Teil von Springer Nature 2025
E. Gündoğan, *Robotic Process Automation (RPA) im Desktop-Publishing*,
https://doi.org/10.1007/978-3-658-46622-0_6

6.1   Einführung

XML ist eine Auszeichnungssprache und kann im Rahmen der DTP-Automatisierung
genutzt werden, um Texte in Vorlagedateien mithilfe externer Dateien zu füllen und so
Layout und Text strikt voneinander zu trennen. Dies bedeutet, dass beispielsweise der
Layouter die XML-Struktur eines Layouts definieren, diese als XML-Datei für die externe
Bearbeitung von einem Texter exportieren und nach der Texterstellung schließlich wieder
ins Layout importieren kann. Der Layouter könnte ebenso von einer bereits bestehenden
XML-Struktur ausgehend ein Layout erstellen und nachträglich die XML-Datei von einem
Texter beliebig nachbearbeiten lassen. Mit gängigen Editoren wie TextEdit, Notepad oder
Sublime Text, MS-Office-Anwendungen wie Word oder Excel und Adobe-Anwendungen
wie InDesign oder InCopy – eine abgewandelte Anwendung von InDesign – stehen
vielfältige Alternativen zur Verfügung, XML-Dateien zu erstellen und zu bearbeiten.
       Eine XML-Datei ist hierarchisch aufgebaut und besteht aus Elementen, die wiederum
aus sich öffnenden und schließenden Tags mit optionalen, zusätzlichen Attributen und
den zwischen den Tags liegenden Daten bestehen. In dem in Abb. 6.1 dargestellten
Beispiel eines XML-Elements befinden sich zwischen dem öffnenden (`<bundesland>`) und
schließenden (`</bundesland>`) Tag die Daten (`Nordrhein-Westfalen`). XML ist zudem
erweiterbar, das heißt, dass Tags nicht unbedingt vordefinierte Standardwerte annehmen
müssen, sondern beliebig benannt werden können.
       Aufgrund der interoperablen Natur von XML eignet sich der Einsatz von XML-Dateien
in Verbindung mit weiteren Systemen wie Content-Management-Systeme (CMS) oder
Datenbanken, die XML-Dateiinhalte direkt ändern oder Daten als XML exportieren und
so Inhalte für die weitere Verarbeitung automatisch bereitstellen können. Ebenso kann der
XML-Import in InDesign mithilfe weiterer Methoden, wie beispielsweise Skripte (behandelt in Kap. 7) oder eines Common-Extensibility-Platform(CEP)-Plug-ins (behandelt in
Kap. 10), aber auch mit der Server-Variante von InDesign – InDesign Server (behandelt
in Kap. 12) – vollständig automatisiert werden. So ist es möglich, den gesamten XML-
Export- und -Import-Prozess (vom System zum Layout) vollständig zu automatisieren.

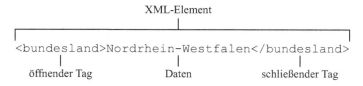

Abb. 6.1 Anatomie eines XML-Elements

6.2   XML-Import und -Darstellung in InDesign

Werden XML-Dateien in InDesign mit *Datei→XML importieren...* importiert, können diese im nachfolgenden Dialogfenster *XML-Importoptionen* (s. Abb. 6.2) mit der Option *Verknüpfung erstellen* verlinkt werden. So werden bei Änderungen innerhalb der XML-Datei die Layoutinhalte des InDesign-Dokuments automatisch aktualisiert und die Trennung zwischen XML-Inhalten und Layout ist gewährleistet.

Verlinkungen von XML-Dateien mit dem jeweiligen InDesign-Dokument werden im *Verknüpfungen*-Panel angezeigt. Das *Verknüpfungen*-Panel lässt sich mit *Fenster→Verknüpfungen* ein- bzw. ausblenden. Wird eine verlinkte XML-Datei außerhalb von InDesign geändert, erscheint im *Verknüpfungen*-Panel neben dem jeweiligen XML-Dateinamen ein *Geändert*-Symbol (s. Abb. 6.3). Durch einen Doppelklick auf dieses Symbol werden die betroffenen Layoutinhalte aktualisiert.

Nach dem XML-Import besteht zudem die Möglichkeit, die XML-Struktur und -Tags der importierten Datei in der *Struktur*-Ansicht anzuzeigen und diese zu bearbeiten (s. Abb. 6.4). Die *Struktur*-Ansicht wird nach einem XML-Import automatisch angezeigt und kann mit *Ansicht→Struktur→Struktur ausblenden* bzw. *→Struktur einblenden* aus- bzw. wieder eingeblendet werden.

Nachfolgend ist ein Beispiel einer verschachtelten XML-Datei dargestellt, welches zwei product-Elemente enthält, die jeweils die Elemente details und image enthalten. Das Element details besteht aus den weiteren Elementen name, description, modelno und price. Das Wurzel-Element Root umschließt alle anderen Elemente.

```
<?xml version="1.0" encoding="UTF-8"?>
<Root>
    <product>
        <details>
```

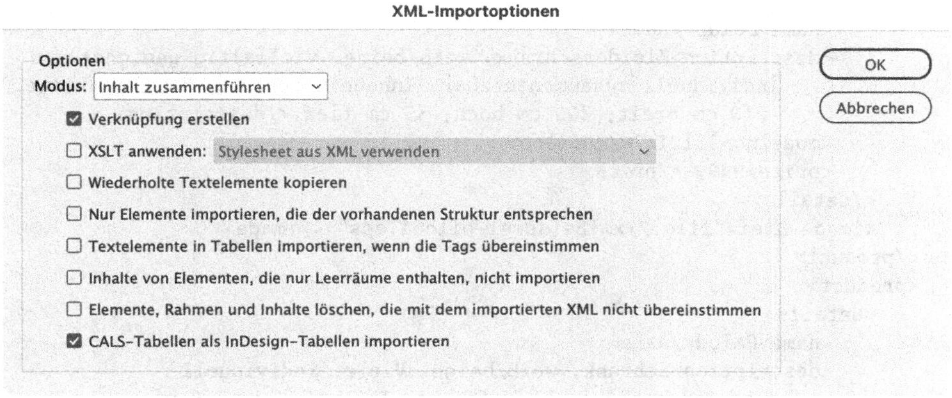

Abb. 6.2 Dialogfenster *XML-Importoptionen*

Abb. 6.3 *Verknüpfungen-*
Panel

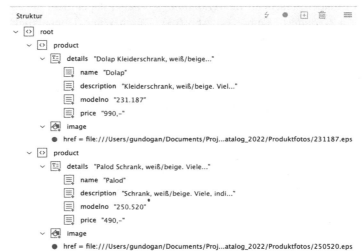

Abb. 6.4 Visualisierung einer XML-Struktur in InDesign

```
        <name>Dolap</name>
        <description>Kleiderschrank, weiß/beige. Vielfältig geeignet und
            individuell zusammensetzbar. Inneneinrichtung wie abgebildet.
             210 cm breit, 200 cm hoch, 59 cm tief.</description>
        <modelno>231.187</modelno>
        <price>990,-</price>
    </details>
    <image href="file://xmlBeispiel-bild01.eps"></image>
</product>
<product>
    <details>
        <name>Palod</name>
        <description>Schrank, weiß/beige. Viele, individuell
            zusammensetzbare Ablagefächer. Inneneinrichtung wie
```

```
          abgebildet. Ohne Beleuchtung. 105 cm breit, 200 cm hoch, 59
          cm tief.</description>
      <modelno>250.520</modelno>
      <price>490,-</price>
  </details>
  <image href="file://xmlBeispiel-bild02.eps"></image>
</product>
</Root>
```

Insbesondere für Anwender ohne Programmierkenntnisse ist die Visualisierung von XML-Dateien in der in Abb. 6.4 dargestellten *Struktur*-Ansicht in InDesign benutzerfreundlicher als die Darstellung des reinen XML-Codes in einem Texteditor.

6.3   Tagging

Eine sehr mächtige XML-Funktion in InDesign ist die Möglichkeit, zuvor importierte oder in InDesign erstellte XML-Tags vordefinierten Formaten wie Absatzformate, Zeichenformate und Tabellenformate mithilfe des Dialogfensters *Tags zu Formaten zuordnen* zuzuweisen (s. Abb. 6.5). Dieses Dialogfenster lässt sich im Panel-Menü des *Tags*-Panels aufrufen. Ist das *Tags*-Panel nicht sichtbar, kann es mit *Fenster→ Hilfsprogramme→ Tags* eingeblendet werden. Nach einer einmaligen Zuweisung von Tags zu Formaten werden so bei nachträglichen XML-Importen Inhalte automatisch befüllt. Auch der konträre Fall – die Zuweisung von Formaten zu Tags – ist mit dem jeweiligen Dialogfenster *Formate zu Tags zuordnen* (ebenfalls im Panel-Menü des *Tags*-Panels erreichbar) möglich.

Alternativ können alle Elemente und Textabschnitte individuell vordefinierten Tags zugewiesen werden. Dazu wird das gewünschte Element ausgewählt bzw. der gewünschte Textabschnitt markiert, die Auswahl bzw. die Markierung mit einem Rechtsklick ausgewählt und mit *Tag für Rahmen* bzw. *Tag für Text* im Kontextmenü das gewünschte Tag ausgewählt. Alternativ kann auch das gewünschte Tag direkt im *Tags*-Panel ausgewählt

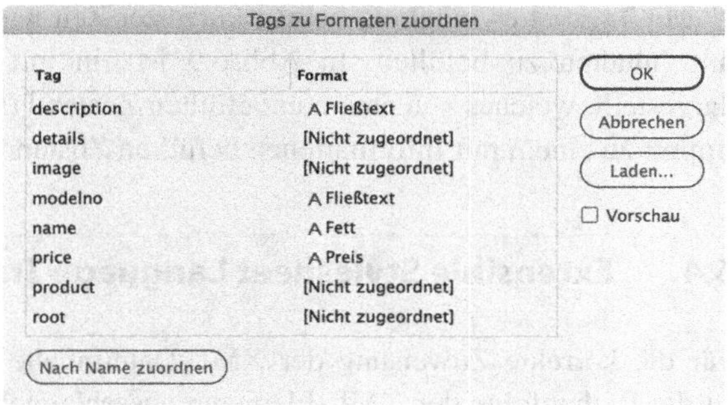

Abb. 6.5 *Tags zu Formaten zuordnen* in InDesign

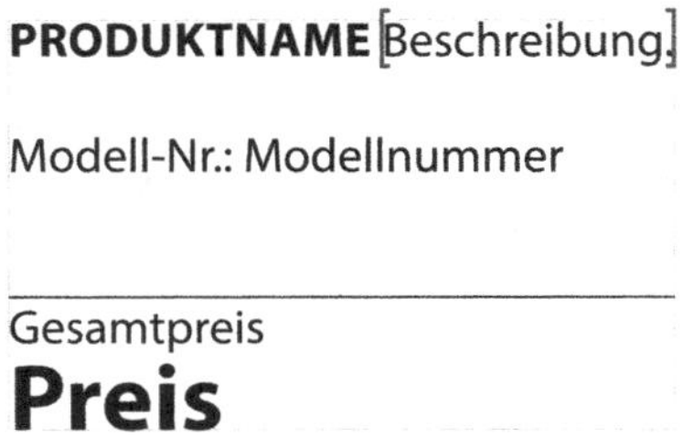
PRODUKTNAME Beschreibung
Modell-Nr.: Modellnummer
Gesamtpreis
Preis

Abb. 6.6 Textabschnitt mit einem zugewiesenen Tag

Tags
Anfü...
Neu zuord...
Entf.
description
details
image
modelno
name
price
product
root

Abb. 6.7 *Tags*-Panel

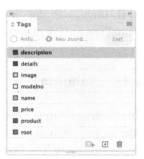

werden, um die zuvor ausgewählten Elemente auf der Arbeitsfläche mit dem gewünschten Tag zu bestücken. Das Element bzw. der Textabschnitt wird anschließend mit einer Farbe umrahmt (s. Abb. 6.6), welche mit den Tag-Farben im *Tags*-Panel korrespondiert (s. Abb. 6.7). Sofern die Tag-Rahmen und -Marken nicht sichtbar sind, können sie mit *Ansicht→Struktur→Rahmen mit Tags einblenden* bzw. *→Tag-Marken einblenden* angezeigt werden.

Neben der oben beschriebenen Methode lassen sich Textabschnitte zusätzlich im InDesign-Textmodus mit Tags bestücken (s. Abb. 6.8). Diese Methode ist insbesondere für komplexe Textrahmen geeignet. Dazu wird der gewünschte Textrahmen ausgewählt und mit einem Rechtsklick das jeweilige Kontextmenü aufgerufen. Mit *Im Textmodus bearbeiten* wird der ausgewählte Textrahmen im InDesign-Textmodus geöffnet. Nachträglich lassen sich Tags mit den obigen Folgeschritten setzen.

Mit Tags ist es möglich, binnen kürzester Zeit ganze Layoutvorlagen fertig formatiert mit Inhalten zu befüllen. In Abb. 6.9 ist ein mit Tags ausgestattetes Beispiellayout dargestellt, welches von einem unbefüllten Zustand (s. Abb. 6.9; links) nach einem XML-Import zu einem mit Informationen befüllten Zustand (s. Abb. 6.9; rechts) übergeht.

6.4 Extensible Stylesheet Language Transformations (XSLT)

Für die korrekte Zuweisung der XML-Dateiinhalte an die einzelnen Tags in InDesign ist die Reihenfolge der XML-Elemente ausschlaggebend. Dies gilt insbesondere für mit Tags bestückte Textrahmen. Weicht die Reihenfolge der Tags in InDesign von der der

Abb. 6.8 InDesign-*Textmodus*

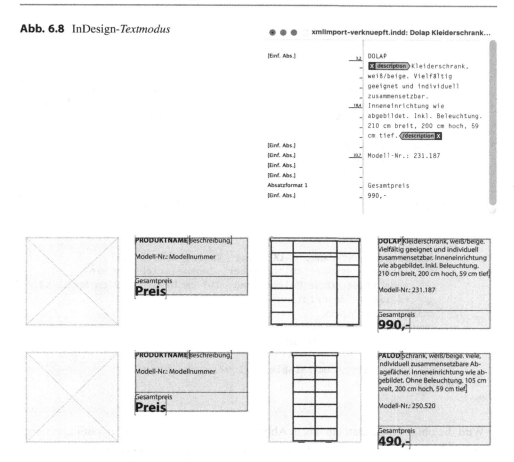

Abb. 6.9 Automatisiertes Layout mit XML-Import

XML-Elemente ab, kann der XML-Import zu unerwünschten Ergebnissen im Layout führen. Jedoch lässt sich, insbesondere bei aus externen Systemen stammenden XML-Dateien, die Reihenfolge der XML-Elemente vor dem Export nicht anpassen. Ebenso ist bei umfangreichen XML-Dateien das händische Anordnen der XML-Elemente nicht effizient. Um dieser Problemstellung nachzugehen, kann während eines XML-Imports eine zur jeweiligen XML-Datei korrespondierende XSLT-Datei eingesetzt werden. Eine XSLT-Datei gibt während eines XML-Imports u. a. vor, in welcher Reihenfolge die XML-Elemente sortiert werden sollen ohne dabei die XML-Datei zu verändern.

Um das Konzept hinter XSLT näher zu beleuchten wird zunächst der beispielhafte XML-Code aus Abschn. 6.2 insofern verändert, dass die Reihenfolge der name- und description-Elemente vertauscht sind, sowie das price-Element über das modelno-Element gesetzt wird:

```
<?xml version="1.0" encoding="UTF-8"?>
<Root>
    <product>
        <details>
            <description>Kleiderschrank, weiß/beige. Vielfältig geeignet und
                individuell zusammensetzbar. Inneneinrichtung wie abgebildet.
                Inkl. Beleuchtung. 210 cm breit, 200 cm hoch, 59 cm tief.
            </description>
            <name>Dolap</name>
            <price>990,-</price>
            <modelno>231.187</modelno>
        </details>
        <image href="file://xmlBeispiel-bild01.eps"></image>
    </product>
    <product>
        <details>
            <description>Schrank, weiß/beige. Viele, individuell
                zusammensetzbare Ablagefächer. Inneneinrichtung wie
                abgebildet. Ohne Beleuchtung. 105 cm breit, 200 cm hoch, 59
                cm tief.</description>
            <name>Palod</name>
            <price>490,-</price>
            <modelno>250.520</modelno>
        </details>
        <image href="file://xmlBeispiel-bild02.eps"></image>
    </product>
</Root>
```

Wird die obige XML-Datei in das in Abb. 6.9 dargestellte InDesign-Layout importiert, führt der XML-Import zu unerwünschten Ergebnissen, da die Reihenfolge der XML-Elemente und die der InDesign-Tags nicht übereinstimmt. Das fehlerhafte Resultat des Layouts ist in Abb. 6.10 dargestellt.

Wird beim Importieren der fehlerhaften XML-Datei der XML-Datei eine XSLT angewandt und die gewünschte XML-Struktur mithilfe einer XSLT-Datei vorgegeben, kann das wie in Abb. 6.9 dargestellte gewünschte Resultat erzielt werden. Die für diesen Zweck notwendige Option *XSLT anwenden* ist in den *XML-Importoptionen* in InDesign verfügbar. Um mit der obigen fehlerhaften XML-Datei das korrekte Ergebnis zu erreichen, kann folgende XSLT-Datei beim Import angewandt werden:

```
<?xml version="1.0" encoding="UTF-8"?>
<xsl:stylesheet version="1.0" xmlns:xsl="http://www.w3.org/1999/XSL/
    Transform">
    <xsl:template match="/">
        <Root>
            <xsl:for-each select="/Root/product">
                <product>
                    <details>
```

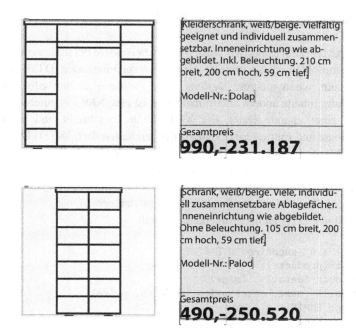

Abb. 6.10 XML-Import mit unerwünschten Ergebnissen

```
            <name>
                <xsl:value-of select="./details/name"/>
            </name>
            <description>
                <xsl:value-of select="./details/description"/>
            </description>
            <modelno>
                <xsl:value-of select="./details/modelno"/>
            </modelno>
            <price>
                <xsl:value-of select="./details/price"/>
            </price>
        </details>
        <image>
            <xsl:variable name="href" select="./image/@href"/>
            <xsl:attribute name="href"><xsl:value-of select=
                "\$href"/></xsl:attribute>
        </image>
    </product>
  </xsl:for-each>
 </Root>
 </xsl:template>
</xsl:stylesheet>
```

6.5   Document Type Definition (DTD)

Nachdem eine XML-Datei importiert wird, ist es insbesondere bei umfangreichen Layouts grundsätzlich empfohlen, diese mithilfe einer korrespondierenden DTD zu validieren. Insbesondere dann, wenn mehrere Systeme oder Personen an der selben XML-Datei arbeiten und häufig Inhalte ändern oder hinzufügen, ist eine XML-Validierung bedeutsam. Eine DTD ist eine separate Datei, die XML-Inhalte beschreibt und angibt, welche Elemente, Attribute und Entities eine XML-Datei beinhalten darf. Die DTD gibt demnach die erwartete XML-Struktur einer XML-Datei an. InDesign bietet die Möglichkeit, DTD-Dateien mit *DTD laden* im Menü der *Struktur*-Ansicht zu importieren und nachträglich importierte XML-Dateien auf Erfüllung der DTD-Deklarationen mit *Ab Stammelement validieren* – ebenfalls im Menü der *Struktur*-Ansicht – zu prüfen.

Eine beispielhafte DTD ist nachfolgend dargestellt:

```
<?xml version="1.0" encoding="UTF-8" ?>
<!ELEMENT Root (product+)>
<!ELEMENT product (details, image)?>
<!ELEMENT details (name, description, modelno, price)?>
<!ELEMENT image EMPTY>
<!ATTLIST image href CDATA #REQUIRED>
<!ELEMENT name (#PCDATA)>
<!ELEMENT description (#PCDATA)>
<!ELEMENT modelno (#PCDATA)>
<!ELEMENT price (#PCDATA)>
```

Dieses DTD-Beispiel listet alle erlaubten XML-Elemente auf und gibt die gültige Struktur vor. Beispielsweise besagt die Zeile`<!ELEMENT Root (product)+>`, dass das Wurzel-Element `Root` mindestens ein und beliebig viele `product`-Elemente beinhalten darf. Die nachfolgende Zeile `<!ELEMENT product (details, image)?>` gibt an, dass ein `product`-Element genau ein `details`-`image`-Elementpaar beinhalten darf.

Die Überprüfung des in Abschn. 6.2 dargestellten XML-Codes in InDesign resultiert mit dieser DTD-Datei ohne Fehler.

6.6   InDesign Markup Language (IDML)

Eine weitere mit XML verwandte InDesign-Funktion ist die sogenannte IDML, welches eine von Adobe eingeführte Auszeichnungssprache ist, um ganze InDesign-Dokumente im XML-Format zu beschreiben. Eine IDML-Datei ist als Paket zu verstehen, welches u. a. mehrere XML-Dateien enthält, die einzelne Elemente des InDesign-Dokuments beschreiben (s. Abb. 6.11). So wäre es theoretisch möglich, ein InDesign-Dokument komplett mit XML zu bearbeiten oder sogar zu erstellen.

Basierend auf IDML sind sogenannte InDesign-Snippets im IDMS-Dateiformat. Eine Snippet ist eine XML-Datei, welches ein InDesign-Asset beschreibt. Eine beliebige

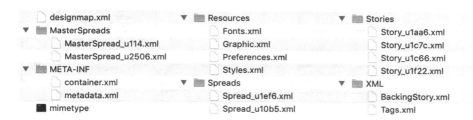

designmap.xml	▼ 📁 Resources	▼ 📁 Stories
▼ 📁 MasterSpreads	Fonts.xml	Story_u1aa6.xml
MasterSpread_u114.xml	Graphic.xml	Story_u1c7c.xml
MasterSpread_u2506.xml	Preferences.xml	Story_u1c66.xml
▼ 📁 META-INF	Styles.xml	Story_u1f22.xml
container.xml	▼ 📁 Spreads	▼ 📁 XML
metadata.xml	Spread_u1ef6.xml	BackingStory.xml
⬛ mimetype	Spread_u10b5.xml	Tags.xml

Abb. 6.11 Inhalt einer IDML-Datei

Abb. 6.12 InDesign-Snippets

Auswahl (z. B. eine Gruppe aus mehreren Textrahmen) kann mit *Datei→Exportieren…* im Format *InDesign-Snippet* exportiert werden. Alternativ kann eine beliebige Auswahl aus der InDesign-Zeichenfläche in einen Ordner des Betriebssystems per Drag & Drop abgelegt werden. Aus InDesign exportierte Snippets können mit *Datei→Platzieren…* (oder auch hier per Drag & Drop) erneut in ein Dokument importiert und beliebig bearbeitet werden.

Im Rahmen der DTP-Automatisierung eignet es sich, Snippets automatisiert zu generieren, wenn ein und das selbe Assets in leicht abgewandelter Form in mehreren Layouts verwendet wird. Beispielsweise könnte ein Automatismus beim Generieren mehrerer Assets bzw. Snippets bestimmte Teilelemente – ggf. direkt innerhalb der jeweiligen XML-Struktur – durch Informationen füllen, die für das zugehörige Projekt relevant sind. In Abb. 6.12 ist ein korrespondierendes Beispiel dargestellt, wie eine Asset-Vorlage im IDMS-Dateiformat frei wählbare Platzhalter bzw. Wildcards enthalten kann (links), die nachträglich durch echte Daten automatisch ersetzt werden (rechts).

6.7   Fallbeispiel: Web-to-Print

Das Diagramm in Abb. 6.13 stellt ein beispielhaftes Web-to-Print-Szenario dar, in dem Inhalte eines CMS in eine Layout-Vorlage importiert werden und anschließend eine druckfähige Datei exportiert wird. In diesem konkreten Fallbeispiel werden Produkte

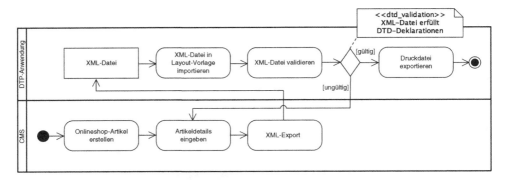

Abb. 6.13 Fallbeispiel: Web-to-Print

und die zugehörigen Produktdetails aus einem Onlineshop als XML-Datei exportiert und in eine Layout-Vorlage eines Bestellformulars in InDesign importiert. Es sollen nur diejenigen Artikel in das Bestellformular einfließen, deren Verkaufspreis unter 10 € liegen und einer bestimmten Kategorie zugehörig sind.

Wird in einem Onlineshop ein neuer Artikel gemeinsam mit den jeweiligen Artikeldetails erstellt, erfolgt vonseiten des Anwenders ein XML-Export aller gewünschten Produktdaten in folgender Struktur:

```xml
<?xml version="1.0" encoding="UTF-8"?>
<data>
    <post>
        <id>34</id>
        <Title>Der Fremde</Title>
        <SKU>kl-1</SKU>
        <CategoryID>59</CategoryID>
        <Author>Albert Camus</Author>
        <RegularPrice>11.95</RegularPrice>
    </post>
    <post>
        <id>23</id>
        <Title>1984</Title>
        <SKU>kl-2</SKU>
        <CategoryID>59</CategoryID>
        <Author>George Orwell</Author>
        <RegularPrice>6.95</RegularPrice>
    </post>
    <post>
        <id>38</id>
        <Title>Harry Potter</Title>
        <SKU>kl-3</SKU>
        <CategoryID>59</CategoryID>
        <Author>J. K. Rowling</Author>
```

```
        <RegularPrice>8.95</RegularPrice>
    </post>
    ...
    <post>
        <id>48</id>
        <Title>Hey Ya!</Title>
        <SKU>mu-10</SKU>
        <CategoryID>60</CategoryID>
        <Author>Outkast</Author>
        <RegularPrice>12.95</RegularPrice>
    </post>
</data>
```

Alternativ kann der XML-Export durch einen Cronjob oder per Task-Scheduling automatisiert erfolgen. Beispielsweise ist mit dem auf *WordPress* basierenden E-Commerce-System *WooCommerce* ein automatisierter XML-Export mit dem Plug-in *WP All Export* gepaart mit dem Add-on *Product Export for Woocommerce* möglich.

Nachträglich wird die vorliegende XML-Datei vonseiten eines Mediengestalters unter Anwendung folgender korrespondierenden XSLT-Datei und mit den in Abb. 6.14 dargestellten Importeinstellungen in die in Abb. 6.15 dargestellte InDesign-Layout-Vorlage importiert:

```
<?xml version="1.0" encoding="UTF-8"?>
<xsl:stylesheet version="1.0" xmlns:xsl="http://www.w3.org/1999/XSL/
    Transform">
    <xsl:template match="/">
        <Root>
            <Textabschnitt>
                <Tabelle>
                    <xsl:for-each select="/data/post[CategoryID=59]">
                        <xsl:sort select="./Title"/>
                        <xsl:if test="not(RegularPrice>10)">
                            <Zelle/>
```

Abb. 6.14 Importeinstellungen des Fallbeispiels *Web-to-Print*

Abb. 6.15 Layout-Vorlage des Fallbeispiels *Web-to-Print* vor dem XML-Import

```
<Zelle>
    <Title>
        <xsl:value-of select="./Title"/>
    </Title>
    <Author>
        <xsl:value-of select="./Author"/>
    </Author>
</Zelle>
<Zelle>
    <RegularPrice>
        <xsl:value-of select="./RegularPrice"/>
    </RegularPrice>
</Zelle>
<Zelle>
    <SKU>
        <xsl:value-of select="./SKU"/>
    </SKU>
</Zelle>
        </xsl:if>
    </xsl:for-each>
</Tabelle>
</Textabschnitt>
```

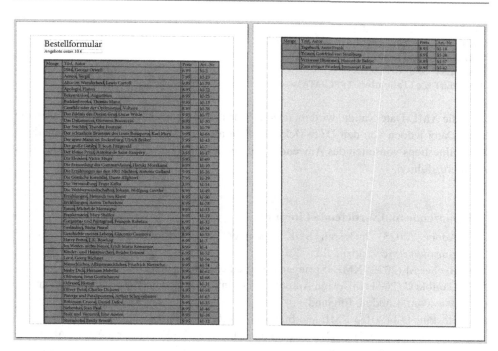

Abb. 6.16 Layout-Vorlage des Fallbeispiels *Web-to-Print* nach dem XML-Import

```
        </Root>
      </xsl:template>
  </xsl:stylesheet>
```

Mithilfe dieser XSLT wird nicht nur die Struktur und Element-Reihenfolge der XML-Datei die der Layout-Vorlage angepasst sondern mit `<xsl:for-each select="/data/post[CategoryID=59]">` nur diejenigen Artikel übernommen, die einer bestimmten Kategorie – hier *Klassische Literatur* – zugehörig sind. Weiterhin werden mit `<xsl:sort select="./Title"/>` die Produkte alphabetisch nach dem Titelnamen sortiert und es fließen mit `<xsl:if test="not(RegularPrice>10)">` lediglich diejenigen Produkte ein, deren Verkaufspreis unter 10 € liegen. Das Resultat nach dem XML-Import ist in Abb. 6.16 dargestellt.

Die importierte XML-Datei wird nachträglich mithilfe folgender zugehörigen DTD-Datei auf Gültigkeit validiert:

```
<?xml version="1.0" encoding="UTF-8" ?>
<!ELEMENT Root (Textabschnitt)>
<!ELEMENT Textabschnitt (Tabelle)>
<!ELEMENT Tabelle (ZelleHeader|Zelle)*>
<!ELEMENT Zelle (Title|Author|RegularPrice|SKU)*>
```

```
<!ELEMENT Title (#PCDATA)>
<!ELEMENT Author (#PCDATA)>
<!ELEMENT RegularPrice (#PCDATA)>
<!ELEMENT SKU (#PCDATA)>
<!ELEMENT ZelleHeader (#PCDATA)>
```

Ist die XML-Datei valide, wird im letzten Schritt eine Druckdatei exportiert. Weicht die XML-Datei jedoch von den DTD-Deklarationen ab, so sind die Artikeldetails innerhalb des Onlineshops vonseiten des Anwenders zu überarbeiten und ein erneuter XML-Export ist durchzuführen.

Ergänzende und vertiefende Literatur

- Adobe (2023) InDesign SDK Documentation. https://developer.adobe.com/console/servicesandapis/id
- Becher M (2022) XML. Springer Fachmedien Wiesbaden, Wiesbaden
- Gamble G (2011) InDesign Automation Using XML & JavaScript. TrainingCompany.com, London, England
- Hoskins D J (2013) XML and InDesign. O'Reilly, Beijing
- Maivald J J (2008) A Designer's Guide to Adobe InDesign and XML. Adobe Press, Berkeley, California

Skripte

7

Zusammenfassung

Viele Adobe-Anwendungen lassen sich mit Skripten in den Programmiersprachen JavaScript (JS) bzw. der Adobe-eigenen Skriptsprache ExtendScript, AppleScript und Visual Basic Script (VBScript) steuern. Es ist möglich, nahezu jede UI-Interaktion und Funktion einer unterstützten Anwendung mit Skripten abzubilden. Die möglichen Einsatzfelder erstrecken sich von der einfachen Bedienung von Menüelementen über die Generierung komplexer Grafiken auf der Zeichenfläche der DTP-Anwendung bis hin zur Durchführung von sich wiederholenden Artwork-Prozessen in der täglichen Arbeit. Skripte können nicht nur als individuelle Skriptdateien dem Anwender zur Verfügung gestellt und in die jeweilige Adobe-Anwendung geladen werden, sondern auch mit anderen Adobe-Technologien verknüpft werden.

7.1 Einführung

Skripterstellung ist ein Ansatz, die Kontrolle über eine Software mit Hilfe von eigenem Programmcode effizient zu übernehmen. So lassen sich auch viele Adobe-Anwendungen – darunter InDesign, Photoshop und Illustrator – mit Skripten in den Programmiersprachen JS bzw. ExtendScript (`.jsx`-Dateiendung; Cross-Platform), AppleScript (`.scpt`-Dateiendung; Macintosh) und VBScript (`.vbs`-Dateiendung; Windows) steuern.

Es ist möglich, nahezu jede UI-Interaktion und Funktion einer unterstützten Anwendung mit Skripten abzubilden. Die möglichen Einsatzfelder erstrecken sich von der einfachen Bedienung von Menüelementen über die Generierung komplexer Grafiken auf der Zeichenfläche der DTP-Anwendung bis hin zur Durchführung von sich wiederholenden Artwork-Prozessen in der täglichen Arbeit.

E. Gündoğan, *Robotic Process Automation (RPA) im Desktop-Publishing*, https://doi.org/10.1007/978-3-658-46622-0_7

Nachfolgend sind drei Code-Beispiele in den Programmiersprachen ExtendScript, AppleScript und VBScript dargestellt, die jeweils ein neues InDesign-Dokument anlegen und einen Textrahmen auf die Zeichenfläche mit vordefinierten Koordinaten sowie dem Textinhalt Hello world! erzeugen.

ExtendScript

```
var doc = app.documents.add();

doc.documentPreferences.pageHeight = "100mm";
doc.documentPreferences.pageWidth = "100mm";

var p = doc.pages.item(0);

var tf = p.textFrames.add({
    geometricBounds: ["20mm", "20mm", "30mm", "80mm"],
    contents: "Hello world!"
});
```

AppleScript

```
tell application "Adobe InDesign 2024"
    activate

    set doc to make document

    tell doc
        tell document preferences of doc
            set page height to "100mm"
            set page width to "100mm"
        end tell
    end tell

    set p to page 1 of doc

    tell p
        set tf to make text frame with properties {¬
        geometric bounds:["20mm", "20mm", "30mm", "80mm"], ¬
        contents:"Hello world!"¬
        }
    end tell

end tell
```

VBScript

```
main

Function main()
    Set app = CreateObject("InDesign.Application.2024")
    app.Activate

    Set doc = app.Documents.Add

    With doc.DocumentPreferences
        .pageWidth = "100mm"
        .pageHeight = "100mm"
    End With

    Set p = doc.Pages.Item(1)
    Set tf = p.TextFrames.Add

    With tf
        .GeometricBounds = Array("20mm", "20mm", "30mm", "80mm")
        .Contents = "Hello world!"
    End With

End Function
```

Während Skripte in den Sprachen AppleScript und VBScript betriebssystemabhängig sind und sich lediglich auf dem jeweiligen Betriebssystem macOS bzw. Windows ausführen lassen, sind Skripte in der Sprache JS bzw. ExtendScript betriebssystemunabhängig. Aus Gründen der Plattformunabhängigkeit ist es für die Skript-Entwicklung von Vorteil, JS als Programmiersprache zu wählen, weshalb diese Lektüre hauptsächlich auf diese Methode eingeht. Neben den gängigen JS-Funktionen ermöglicht ExtendScript das Objektmodell der jeweiligen Adobe-Anwendung (s. Abschn. 7.2) anzusprechen und so mit der Anwendung zu interagieren.

Die in 1999 eingeführte dritte Version des ECMAScript – auch ES3 oder ECMAScript v3 – bildet die Grundlage der Adobe-Skriptsprache ExtendScript, was den Nachteil mit sich bringt, dass diese Programmiersprache auf einen veralteten ECMAScript-Standard basiert und alle seither eingeführten Neuerungen nicht unterstützt. Somit kennt ExtendScript beispielsweise keine Variablendeklaration per let oder const, keine *Template Strings* und keine Pfeilfunktionen. Diese Limitationen sind mit der Einführung von der Technologie Adobe UXP und mit der damit geschaffenen Möglichkeit, Skripte in einer modernen Version von JS zu realisieren, aufgehoben. UXP-Skripte basieren auf die 2015 veröffentlichte sechste Version von ECMAScript bzw. ES6 und werden von Photoshop (.psjs-Dateiendung; Cross-Platform) und InDesign

(.idjs-Dateiendung; Cross-Platform) seit 2021 bzw. 2023 unterstützt. Illustrator unterstützt UXP-Skripte zum jetzigen Zeitpunkt nicht. Das obige Skript-Beispiel lässt sich in UXP wie folgt realisieren:

UXP-Skript

```
const { app } = require("indesign");

let doc = app.documents.add();

doc.documentPreferences.pageHeight = "100mm";
doc.documentPreferences.pageWidth = "100mm";

let p = doc.pages.item(0);

let tf = p.textFrames.add({
    geometricBounds: ["20mm", "20mm", "30mm", "80mm"],
    contents: "Hello world!"
});
```

Skripte können als individuelle Skriptdateien dem Anwender zur Verfügung gestellt und in die jeweilige Adobe-Anwendung geladen werden. Während in InDesign für die Organisation von Skriptdateien mit *Fenster→Hilfsprogramme→Skripte* ein dediziertes *Skripte*-Panel angezeigt werden kann (s. Abb. 7.1), kann in Photoshop mit *Datei→Skripten→Durchsuchen...* und in Illustrator mit *Datei→Skripten→Anderes Skript...* ein individuelles Skript ausgewählt und ausgeführt werden. Alternativ können eigene Skripte im Photoshop-Menü *Datei→Skripten* gelistet werden, wenn die korrespondierenden Skriptdateien im Ordner /Applications/Adobe Photoshop [PHXS Version]/ Presets/Scripts bzw. C:\Program Files\Adobe\Adobe Photoshop [PHXS Version]\ Presets\Scripts abgelegt werden. Im Illustrator-Menü *Datei→Skripten* werden diejeni-

Abb. 7.1 *Skripte*-Panel in
InDesign

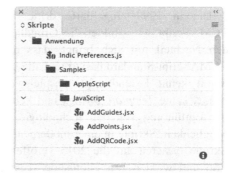

gen Skripte gelistet, deren korrespondierenden Dateien im Ordner /Applications/Adobe Illustrator [ILST Version]/Presets/[Locale]/Skripten bzw. C:\Program Files\ Adobe\Adobe Illustrator [ILST Version]\Presets\[Locale]\Skripten abgelegt sind.

Neben der Ausführbarkeit individueller Skripte können diese auch in ein Common-Extensibility-Platform(CEP)-Plug-in – thematisiert in Kap. 10 – eingebunden und um weitere Möglichkeiten erweitert werden. Die Verknüpfung zwischen eines CEP-Plug-ins und Skripten bringt zahlreiche zusätzliche Vorteile mit sich, beispielsweise das Beziehen von Daten aus externen Systemen, die nachträglich an Skripte zur weiteren Verarbeitung weitergegeben werden können. Das Zusammenspiel zwischen einer CEP-Erweiterung sowie Skripten wird im CEP-Fallbeispiel in Abschn. 10.7 näher beleuchtet.

7.2 Document Object Model (DOM)

Ein DOM beschreibt die logische Struktur eines jeweiligen Dokuments, sowie die Beziehung aller Objekte zueinander. Die Repräsentation des Dokuments durch das DOM erfolgt in einer Baumstruktur. Weiterhin spezifiziert ein DOM, wie auf Objekte zugegriffen und wie diese manipuliert werden können. Beispielsweise ermöglicht das Hypertext-Markup-Language(HTML)-DOM den Zugriff auf HTML-Elemente mithilfe von JS, sowie deren temporäre Manipulation. Mit

```
let e = document.getElementsByTagName("body");
```

kann beispielsweise das body-Element einer Webseite ausgewählt, einer Variable e zugewiesen und nachträglich mit

```
e[0].style.backgroundColor = "blue";
```

manipuliert werden. In diesem Fall wird der sichtbare Teil einer Webseite mit einer blauen Hintergrundfarbe versehen. Ein XML-DOM ist beispielsweise mithilfe eines XML-Path-Language(XPath)-Ausdrucks zugreifbar. XPath ermöglicht den Zugriff auf Elemente von XML- und XML-ähnlichen Dokumenten, darunter HTML und XSLT. Die im in Abschn. 6.2 dargestellten XML-Code-Beispiel befindlichen modelno-Elemente können mit dem XPath-Ausdruck

```
//Root/product/details/modelno
```

ausgewählt werden. Im Rahmen dieses XML-Code-Beispiels kann mit

```
//modelno
```

ein identisches Ergebnis erreicht werden.

Auch viele Adobe-Anwendungen, darunter InDesign, Photoshop und Illustrator, verfügen über ein DOM bzw. Objektmodell, das mithilfe einer Skriptsprache, z. B. ExtendScript, zugegriffen und manipuliert werden kann. In dem Code-Beispiel

```
alert(app.activeDocument.textFrames.length);
```

wird die Anzahl (length) aller Textrahmen (textFrames) ausgegeben, die sich im aktiven Dokument (activeDocument) in der Anwendung (app) – hier InDesign – befinden.

Für die Skriptentwicklung in der Sprache ExtendScript kann das Objektmodell der jeweiligen Adobe-Anwendung über die Integrated Development Environment (IDE) Adobe ExtendScript Toolkit (ESTK) CC (s. Abschn. 7.3) eingesehen werden. Eine Dropdown-Liste im ESTK-Hauptfenster führt alle auf dem Computer installierten Adobe-Anwendungen auf, deren Objektmodell sich anzeigen lässt. Nach Auswahl eines Dropdown-Elements, greift das ESTK auf das Objektmodell der jeweiligen Adobe-Anwendung in Form einer XML-Datei zu und zeigt dieses anschließend in der ESTK-Benutzeroberfläche an. Im InDesign-Fall werden die mit dem InDesign-Objektmodell korrespondierenden XML-Dateien zunächst nach der jeweiligen Dropdown-Auswahl im ESTK generiert. Anschließend wird das InDesign-Objektmodell in der ESTK-Benutzeroberfläche angezeigt.

Die macOS-Dateipfade der generierten Objektmodelle als XML-Datei sind für InDesign, Photoshop und Illustrator wie folgt:

```
/Users/[Benutzername]/Library/Preferences/ExtendScript Toolkit/[ESTK
    Version]/omv$indesign-[IDSN Version]$[OM Version].xml

/Library/Application Support/Adobe/Scripting Dictionaries CC/photoshop/omv.
    xml

/Library/Application Support/Adobe/Scripting Dictionaries CC/Illustrator
    [ILST Version]/omv.xml
```

Die korrespondierenden Windows-Dateipfade der XML-Dateien sind wie folgt:

```
C:\Users\[Benutzername]\AppData\Roaming\Adobe\ExtendScript Toolkit\
    [ESTK Version]\omv$indesign-[IDSN Version]$[OM Version].xml

C:\Program Files (x86)\Common Files\Adobe\Scripting Dictionaries CC\
    photoshop\omv.xml

C:\Program Files\Common Files\Adobe\Scripting Dictionaries CC\illustrator
    [ILST Version]\omv.xml
```

Die Entwickler-Community macht von diesen XML-Dateien Gebrauch, um das Objektmodell der jeweiligen Adobe-Anwendungen in alternativen Methoden darzustellen. Beispielsweise können auf Basis der XML-Dateien ganze Dokumentationen der Objektmodelle lokal generiert und im Browser betrachtet werden.[1] Neben der lokalen Methode stehen ebenso öffentliche Quellen zur Verfügung, um das Objektmodell diverser Adobe-Anwendungen einzusehen.[2]

Für die Entwicklung eines Skriptes in der Skriptsprache AppleScript und die Einsicht in das Objektmodell der jeweiligen Adobe-Anwendung sind die jeweiligen korrespondierenden Funktionsverzeichnisse unterstützend. Auf diese können im Skripteditor – einem im macOS-Betriebssystem integrierten Dienstprogramm – mit *Ablage→Funktionsverzeichnis öffnen...* und in dem darauffolgenden Dialogfenster zugegriffen werden. Ein geöffnetes Funktionsverzeichnis im Skripteditor ist in Abb. 7.2 dargestellt.

Für die Entwicklung von Skripten in der Skriptsprache VBScript stehen ebenfalls ähnliche Ressourcen zur Verfügung. Wird eine Adobe-Anwendung in einer Windows-Umgebung installiert, werden zusätzliche, für die Skriptentwicklung in der Sprache VBScript hilfreiche Dateien erstellt, die ebenfalls die Einsicht in das Objektmodell der jeweiligen Adobe-Anwendung ermöglichen. Diese können z. B. wie in Abb. 7.3 dargestellt

Abb. 7.2 InDesign-Funktionsverzeichnis im macOS-Dienstprogramm Skripteditor

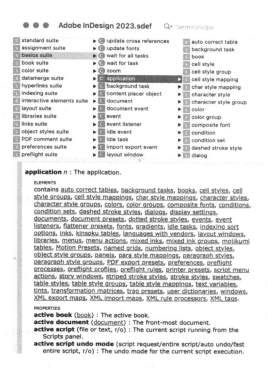

---

[1] https://github.com/yearbook/extendscript-api-documentation

[2] InDesign: https://www.indesignjs.de/extendscriptAPI/indesign-latest; Photoshop: https://theiviaxx.github.io/photoshop-docs/scripting.html; Illustrator: https://ai-scripting.docsforadobe.dev

Abb. 7.3 InDesign-,
Photoshop- und
Illustrator-Objektkataloge in
Visual Studio

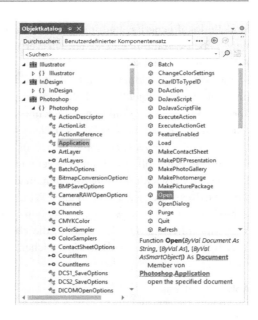

im IDE Visual Studio mit *Ansicht→Objektkatalog* geladen werden. Die Dateipfade der
Objektkataloge für InDesign, Photoshop und Illustrator sind wie folgt:

```
C:\ProgramData\Adobe\InDesign\[IDSN Version]\[Locale]\Scripting Support\
    [OM Version]\Resources for Visual Basic.tlb
```

```
C:\Program Files\Adobe\Adobe Photoshop [PHXS Version]\Required\Plug-ins\
    Extensions\ScriptingSupport.8li
```

```
C:\Program Files\Adobe\Adobe Illustrator [ILST Version]\Plug-ins\Extensions
    \ScriptingSupport.aip
```

7.3   ExtendScript Toolkit (ESTK)

Für die Entwicklung der Skripte eignet sich der Einsatz der IDE Adobe ESTK CC
(s. Abb. 7.4), womit nicht nur das Programmieren der Skripte ermöglicht wird, sondern
auch die Ausführung und Fehlerbehebung bzw. Debugging der Skripte. Diese 32-Bit-
Anwendung wird jedoch nicht mehr weiterentwickelt und ist mit Apples Betriebssystem
macOS 10.15 Catalina und aufwärts nicht kompatibel. Windows unterstützt auch mit der
gegenwärtig aktuellsten, elften Version die Ausführung von 32-Bit-Anwendungen.

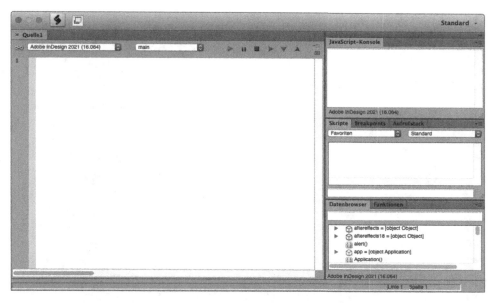

Abb. 7.4 Adobe ESTK CC

Als Workaround für das macOS-Betriebssystem hat Adobe ein Plug-in für den Quelltexteditor Visual Studio (VS) Code veröffentlicht,[3] das die meisten Funktionen des ESTK, darunter Code-Ausführung in der Host-Anwendung, Erstellen von Haltepunkten bzw. Breakpoints und Konsolenausgaben, nachbildet. Nach Installation des Plug-ins in VS Code lässt sich eine geöffnete Skriptdatei mit *Ausführen→Debugging starten* ausführen.

Seit Version 4.0 hat Adobe keine Pläne, ESTK zu aktualisieren. Dies hat u. a. produktstrategische Gründe. Das Problem beim ESTK ist, dass die Anzahl der Benutzer dieser Anwendung nicht gemessen wird und somit nicht ermittelt werden kann, ob es sich aus strategischer Sicht lohnt, in ESTK langfristig zu investieren. Es ist schwierig, einen Business-Case für die Weiterentwicklung einer Anwendung mit einer unbekannten Nutzerzahl zu realisieren.

7.4 Debugging von UXP-Skripten

Während das Debugging von Skripten in der Sprache ExtendScript nicht bzw. nur teilweise möglich ist, können modernere UXP-Skripte mithilfe der Anwendung Adobe UXP Developer Tools (UDT) einem Debugging unterzogen werden. Dazu können nach Auswahl der Schaltfläche *Connected Apps* in der UDT-Seitenleiste alle für das Debugging

---

[3] https://marketplace.visualstudio.com/items?itemName=Adobe.extendscript-debug

Abb. 7.5 Debugging von UXP-Skripten in Adobe UDT

von UXP-Skripten unterstütze Adobe-Anwendungen angezeigt werden. Anschließend kann mit *Debug Script* das in Abb. 7.5 dargestellte Modalfenster mit dem Titel *Select script to debug* angezeigt werden, mit dem die jeweilige Skriptdatei ausgewählt werden, die für das Debugging vorgesehen ist. Mit *Debug* kann schließlich der Debuggingprozess gestartet werden und es erscheint ein neues Fenster mit dem Titel *Dev Tools*.

7.5 Exkurs: Generatoren

Bei Skripten, die grafische Assets in Abhängigkeit der von dem Anwender ausgewählten Elemente aus zur Verfügung stehenden Auswahloptionen auf die Zeichenfläche generieren, ist zu berücksichtigen, dass die Abbildung aller möglichen Ergebnisse nicht auf Anhieb erfolgen kann. Diese Art von Skripten können als Generatoren bezeichnet werden. Eventuelle Softwarefehler können in solchen Fällen meistens erst nachträglich während der Anwendung ermittelt und behoben werden. In einigen Fällen kann es möglich sein, Generatoren auf bestimmte Fehlertypen hin mithilfe automatisierter Softwaretests zu prüfen. Die Anzahl der Ergebnisse, die Generatoren erzeugen können, ist hoch, da mehrere Auswahlmöglichkeiten gegeben sind. Um die Anzahl der möglichen Ergebnisse eines Generators zu ermitteln, sind die aus der mathematischen Kombinatorik bekannten Fragen zu beantworten, (1) ob die Reihenfolge der ausgewählten Optionen die Reihenfolge der Elemente im Ergebnis definiert (die Auswahlreihenfolge ist relevant – Variation) oder (2) ob sie unabhängig von den ausgewählten Auswahloptionen von vornherein fest definiert ist (die Auswahlreihenfolge ist irrelevant – Kombination) und (3) ob Optionen mehrfach oder (4) einmalig ausgewählt werden können. Aus diesen Fragestellungen resultieren die nachfolgend dargestellten vier Formeln der Kombinatorik, mit denen die Anzahl der möglichen Ergebnisse eines Generators ermittelt werden kann. Dabei wird mit der Grundmenge n die Anzahl der zur Verfügung stehenden Optionen und mit m die Anzahl ausgewählter Elemente bezeichnet.

- Formel 7.1: Variation – Auswahlreihenfolge relevant, mit Wiederholung

$$n^m \tag{7.1}$$

- Formel 7.2: Variation – Auswahlreihenfolge relevant, ohne Wiederholung

$$\frac{n!}{(n-m)!} \tag{7.2}$$

- Formel 7.3: Kombination – Auswahlreihenfolge irrelevant, mit Wiederholung

$$\binom{n+m-1}{m} \tag{7.3}$$

- Formel 7.4: Kombination – Auswahlreihenfolge irrelevant, ohne Wiederholung

$$\binom{n}{m} \tag{7.4}$$

In Abb. 7.6 ist ein exemplarisches UI eines skriptgestützten Generators mit 20 verfügbaren Elementen als Auswahloption dargestellt, aus denen der Anwender genau sechs eindeutige Elemente in beliebiger Reihenfolge auswählen soll, die nachträglich auf Platzhaltern eingesetzt werden. Die Auswahlreihenfolge des Anwenders definiert die Reihenfolge der Ergebnisse, die das Skript generiert. Dieses Beispiel veranschaulicht einen Generator, dessen Ergebnismöglichkeiten sich nach der Formel 7.2 berechnen lassen und der somit 27.907.200 mögliche Ergebnisse generieren kann.

7.6 Fallbeispiel: Visitenkarte

Im Rahmen eines CD Relaunches sollen die Visitenkarten von ca. 500 Mitarbeitern eines Unternehmens erneuert werden. Mithilfe grafischer Assets und des CD Manuals sollen die individuellen Visitenkarten in Form einer druckfähigen Datei erstellt werden. Damit nicht jede einzelne Visitenkarte händisch erstellt wird, kommt ein InDesign-Skript zum Einsatz.

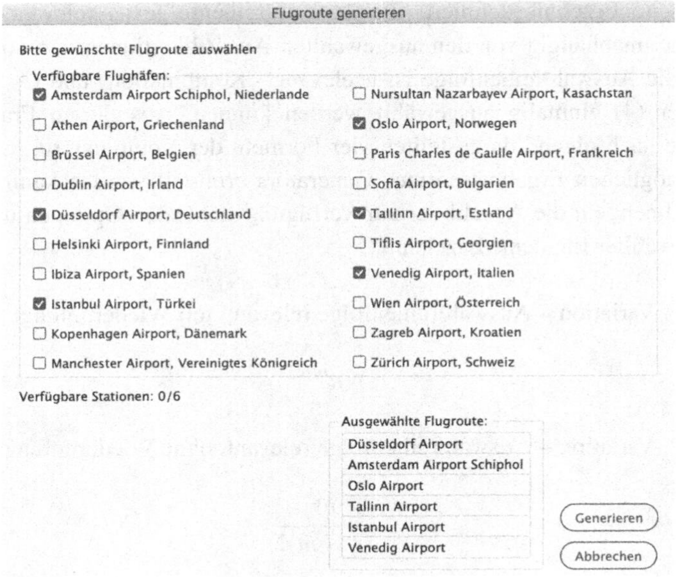

Abb. 7.6 Exemplarischer Generator

Das Skript wird gestützt durch folgende aus dem Verzeichnisdienst des Unternehmens exportierte Comma-separated-values(CSV)-Datei, die alle Stammdaten von denjenigen Mitarbeitern enthält, die eine Visitenkarte erhalten sollen:

```
id;lastname;firstname;position;email;phone;mobile
1000;Jehu;Eadie;Geschäftsführung;Eadie.Jehu@xycorp.xyz
    ;0123/456781;0199/123456781
1001;Kermit;Joy;Geschäftsführung;Joy.Kermit@xycorp.xyz
    ;0123/456782;0199/123456782
...
1003;Buttaro;Madeleine;Bereichsleitung;Madeleine.Buttaro@xycorp.xyz
    ;0123/456784;0199/123456784
1004;Shaver;Jennica;Bereichsleitung;Jennica.Shaver@xycorp.xyz
    ;0123/456785;0199/123456785
...
1007;Buckler;Gilda;Empfang;Gilda.Buckler@xycorp.xyz
    ;0123/456788;0199/123456788
...
1010;Thunell;Kaja;Softwareentwicklung;Kaja.Thunell@xycorp.xyz
    ;0123/4567811;0199/1234567811
1011;Arquit;Melina;Buchhaltung;Melina.Arquit@xycorp.xyz
    ;0123/4567812;0199/1234567812
1012;Glovsky;Jorry;Mediengestaltung;Jorry.Glovsky@xycorp.xyz
    ;0123/4567813;0199/1234567813
```

```
1013;Dermott;Jean;Mediengestaltung;Jean.Dermott@xycorp.xyz
    ;0123/4567814;0199/1234567814
1014;Garbe;Sarette;Produktentwicklung;Sarette.Garbe@xycorp.xyz
    ;0123/4567815;0199/1234567815
1015;Levey;Roz;Softwareentwicklung;Roz.Levey@xycorp.xyz
    ;0123/4567816;0199/1234567816
1016;Means;Marleah;Vertrieb;Marleah.Means@xycorp.xyz
    ;0123/4567817;0199/1234567817
...
```

Mithilfe eines Skripts wird der Inhalt dieser CSV-Datei `visitenkarte-stammdaten.csv` ausgelesen und in ein zweidimensionales Array `csvData` geschrieben:

```
var csv = File("visitenkarte-stammdaten.csv");
csv.open("r");

var csvData = csv.read().split("\n");

for(i=0; i<csvData.length; i++) {
    csvData[i] = csvData[i].split(";");
}
```

Während die erste Dimension des Arrays die Reihen der CSV-Datei darstellt (`.split("\n")`), stellt die zweite Dimension die jeweiligen Spalten dar (`.split(";")`).

Im nächsten Schritt wird ein neues InDesign-Dokument gemeinsam mit den gewünschten Dokumenteigenschaften angelegt:

```
var doc = app.documents.add();
doc.documentPreferences.pageHeight = "55mm";
doc.documentPreferences.pageWidth = "85mm";
doc.pages[0].marginPreferences.properties = {
    top: "6mm", left: "6mm", right: "6mm", bottom: "6mm"
};
```

In dem neu erstellten Dokument wird anschließend für das Platzieren des Unternehmenslogos ein Platzhalter gemeinsam mit der gewünschten Position und Größe erstellt und mit einer Grafikdatei proportional befüllt:

```
var img = doc.pages[0].rectangles.add({
    geometricBounds: ["5mm", "40mm", "17mm", "81mm"]
});

var imgfile = new File("visitenkarte-logo.pdf");
img.place(imgfile);
img.fit(FitOptions.PROPORTIONALLY);
```

Als nächstes werden zwei Textrahmen `tf1` und `tf2`, ebenfalls gemeinsam mit den gewünschten Positionen und Größen, erstellt. Den Textrahmen werden zusätzliche, auf die Typografie bezogene Eigenschaften wie Schriftart, -schnitt und -größe zugewiesen:

```
var tf1 = doc.textFrames.add({geometricBounds: ["30mm", "6mm", "55mm",
    "40mm"]});
var tf2 = doc.textFrames.add({geometricBounds: ["30mm", "42.5mm", "55mm",
    "79mm"]});
var tfs = doc.textFrames;

for(i=0; i<tfs.length; i++) {
    var txt = tfs[i].texts[0];
    txt.appliedFont = app.fonts.itemByName("Myriad Pro");
    txt.appliedLanguage = "Deutsch: 2006 Rechtschreibreform";
    txt.fontStyle = "Regular";
    txt.justification = Justification.LEFT_ALIGN;
    txt.leading = "9.5pt";
    txt.pointSize = "7.5pt";
}
(FitOptions.PROPORTIONALLY);
```

Danach wird die erste Dimension des Arrays `csvData` in einer for-Schleife durchlaufen. Dabei werden die Textrahmen `tf1` und `tf2` u. a. mit Daten aus der zweiten Dimension des Arrays (Vor- und Nachname, Telefonnummer, E-Mail-Adresse etc.) befüllt. Die Schleife endet mit dem Exportieren des fertigen Artworks als eine druckfähige PDF-Datei mit der PDF-Voreinstellung `PDF/X-4:2008` benannt nach dem Schema `[Nachname][Vorname]_[Id]_Visitenkarte.pdf`:

```
for(j=1; j<csvData.length; j++) {
    tf1.contents = csvData[j][2] + " " + csvData[j][1] + "\r" +
        csvData[j][3];
    tf1.texts[0].fontStyle = "Regular";
    tf1.texts[0].pointSize = "7.5pt";
    tf1.paragraphs[0].fontStyle = "Bold";
    tf1.paragraphs[0].pointSize = "9pt";

    tf2.contents = "Unternehmen GmbH\rStraße 123\r45678 Ort\r";
    tf2.contents += "Tel.: " + csvData[j][5] + "\r"
    tf2.contents += "Mobil: " + csvData[j][6] + "\r";
    tf2.contents += "E-Mail: " + csvData[j][4];
    tf2.paragraphs[0].fontStyle = "Bold";
    tf2.texts[0].baselineShift = "-2pt";
```

Abb. 7.7 Generierte
Visitenkarte

Alia Keily
Projektmanagement

Unternehmen GmbH
Straße 123
45678 Ort
Tel.: 0123/45678146
Mobil: 0199/12345678146
E-Mail: keily@xycorp.xyz

```
app.activeDocument.exportFile(ExportFormat.pdfType,
    File("output/" + csvData[j][1] + csvData[j][2] + "_" + csvData[j][0]
        + "_Visitenkarte.pdf"),
    false,
    app.pdfExportPresets.item("[PDF/X-4:2008]")
    );
}
```

Das Ergebnis einer im Rahmen dieses Fallbeispiels generierten PDF-Datei ist in
Abb. 7.7 dargestellt.

Das Skript endet mit dem Schließen des InDesign-Dokuments, ohne es lokal zu
sichern:

```
app.activeDocument.close(SaveOptions.NO);
```

Ergebnis dieses Skriptes sind 509 individuelle Visitenkarten – korrespondierend zur
Anzahl der Stammdaten innerhalb der CSV-Datei – in Form von druckfähigen PDF-
Dateien.

Ergänzende und vertiefende Literatur

- Adobe (2020) Adobe Photoshop AppleScript Scripting Reference. https://
  github.com/Adobe-CEP/CEP-Resources/tree/master/Documentation/Product
  %20specific%20Documentation/Photoshop%20Scripting
- Adobe (2020) Adobe Photoshop JavaScript Scripting Reference. https://
  github.com/Adobe-CEP/CEP-Resources/tree/master/Documentation/Product
  %20specific%20Documentation/Photoshop%20Scripting

(Fortsetzung)

- Adobe (2020) Adobe Photoshop Scripting Guide. https://github.com/Adobe-CEP/CEP-Resources/tree/master/Documentation/Product%20specific%20Documentation/Photoshop%20Scripting
- Adobe (2020) Adobe Photoshop VBScript Scripting Reference. https://github.com/Adobe-CEP/CEP-Resources/tree/master/Documentation/Product%20specific%20Documentation/Photoshop%20Scripting
- Adobe (2023) Adobe Illustrator 2024 Scripting Reference: AppleScript. https://developer.adobe.com/console/servicesandapis
- Adobe (2023) Adobe Illustrator 2024 Scripting Reference: JavaScript. https://developer.adobe.com/console/servicesandapis
- Adobe (2023) Adobe Illustrator 2024 Scripting Reference: VBScript. https://developer.adobe.com/console/servicesandapis
- Adobe (2023) InDesign Scripting SDK Documentation. https://developer.adobe.com/console/servicesandapis
- Fellenz, G (2015) InDesign automatisieren: keine Angst vor Skripting, GREP & Co, 2., aktualisierte und erweiterte Auflage. dpunkt.verlag, Heidelberg
- Gamble G (2011) InDesign Automation Using XML & JavaScript. TrainingCompany.com, London, England
- Hopkins S W (2009) Automating Adobe InDesign CS4 with ExtendScript. CreateSpace
- Kahrel P (2019) JavaScript for InDesign, Second edition. CreativePro Network, Woodinville
- Ralston R (2008) The Designer's Apprentice: Automating Photoshop, Illustrator, and InDesign in Adobe Creative Suite 3. Adobe Press, Berkeley, California
- Scott G, Tranberry J (2013) Power, Speed & Automation with Adobe Photoshop. Focal Press, New York

Global Regular Expressions Print (GREP)

8

Zusammenfassung

Eine weitere, im Rahmen der Automatisierung und Skripte häufig genutzte und umfangreiche Funktion in InDesign ist GREP, die die klassische Textsuche erweitert und bei der mithilfe von regulären Ausdrücken und Wildcards gewünschte Textmuster gefunden werden können. Das Besondere an GREP ist, dass das Suchen und Ersetzen nicht nur auf Texte angewandt werden kann sondern auch auf Formatierungen. So kann beispielsweise nach einem Textmuster in einer bestimmten Schriftart gesucht werden und sowohl durch einen anderen Text als auch durch eine andere Schriftart ersetzt werden. GREP lässt sich ebenfalls mithilfe von Skripten ansteuern und eignet sich somit auch für den Einsatz in Teil- und Vollautomatismen.

8.1 Einführung

Eine weitere, im Rahmen der Automatisierung und Skripte häufig genutzte und umfangreiche Funktion in InDesign ist GREP, die die klassische Textsuche erweitert und bei der mithilfe von regulären Ausdrücken (engl.: Regular Expression (Regex)) und Wildcards gewünschte Textmuster gefunden werden können (engl.: Pattern Matching). Reguläre Ausdrücke werden sowohl in Programmiersprachen als auch in gängigen Texteditoren unterstützt. Der Regex-Syntax sowie der -Funktionsumfang kann sich zwischen den Programmiersprachen und Editoren aufgrund der Vielfalt von Regex-Engines unterscheiden. InDesign-GREP basiert auf die Boost-C++-Bibliotheken und verwendet den selben Regex-Syntax wie z. B. die Programmiersprache C++ und Perl.

Anhand einiger Beispiele lässt sich die Funktionsweise von GREP am effektivsten veranschaulichen. Z. B. kann der exemplarische Text ‚12 fantastische Grafiker‘ auf der Zei-

E. Gündoğan, *Robotic Process Automation (RPA) im Desktop-Publishing*,
https://doi.org/10.1007/978-3-658-46622-0_8

Abb. 8.1 GREP in InDesign

chenfläche von InDesign mit dem GREP-Befehl \d+ (f|ph)antastischer? Gra(f|ph)
iker gefunden werden, wobei \d+ Zahlen mit mindestens einer Ziffer und beliebiger
Länge, (f|ph) den Buchstaben f oder die Buchstabenfolge ph und r? optionales r
bedeutet. Mithilfe dieses regulären Ausdrucks lassen sich demnach ebenso die Texte ‚42
phantastische Graphiker' und ‚1 fantastischer Graphiker' finden. Die GREP-Funktionen
sind im in Abb. 8.1 dargestellten *Suchen/Ersetzen*-Dialogfenster in InDesign über *Bear-
beiten→Suchen/Ersetzen...* verfügbar.

8.2   Pattern Matching für Layouts

Das Besondere an GREP ist, dass das Suchen und Ersetzen nicht nur auf Texte angewandt
werden kann sondern auch auf Formatierungen. So kann beispielsweise nach einem
Textmuster in einer bestimmten Schriftart gesucht werden und sowohl durch einen
anderen Text als auch durch eine andere Schriftart ersetzt werden. Die Suche nach
Formatierungen funktioniert auch eigenständig – beispielsweise können alle Texte in einer
bestimmten Schriftart mit einer anderen Schriftart ausgetauscht werden. In dem in Abb. 8.1
dargestellten Beispiel wird nach dem im obigen Abschn. 8.1 beschriebenen Textmuster in
der Schriftart *Myriad Pro Regular* gesucht und durch *Chalkboard Bold* ersetzt.

GREP lässt sich ebenfalls mithilfe von Skripten ansteuern und eignet sich somit auch für den Einsatz in Teil- und Vollautomatismen. Das obige beispielhafte Szenario lässt sich mit folgendem Skript realisieren:

```
app.findGrepPreferences = app.changeGrepPreferences = null;

app.findGrepPreferences.findWhat = "\\d+ (f|ph)antastischer?
    Gra(f|ph)iker";
app.findGrepPreferences.appliedFont = app.fonts.itemByName("Myriad Pro\
    tRegular");

app.changeGrepPreferences.appliedFont = app.fonts.itemByName("Chalkboard\
    tBold");

app.changeGrep();
```

Während der Bearbeitung von Absatzformaten lassen sich sogenannte GREP-Stile definieren, mit denen vordefinierte Zeichenabfolgen automatisch in einem beliebigen Zeichenformat stilisiert werden können. Dazu kann im *Absatzformate*-Panel ein Absatzformat ausgewählt, mit *Formatoptionen...* im Panel-Menü das *Absatzformatoptionen*-Fenster aufgerufen und mit *GREP-Stil→Neuer GREP-Stil...* ein GREP-Stil erstellt werden (s. Abb. 8.2). Dieser besteht aus den beiden Bestandteilen *Format anwenden*, womit das gewünschte Zeichenformat ausgewählt wird, und *Auf Text*, worin der gewünschte GREP-Befehl platziert wird. Beispielsweise kann die Zahl 2 und 3 bei Flächen- und Volumeneinheiten automatisch hochgestellt werden, wenn einem Textrahmen ein Absatzformat zugewiesen ist, welches (a) einen GREP-Stil mit dem GREP-Befehl ((?<=km)|(?<=m) |(?<=dm)|(?<=cm)|(?<=mm))(2|3) enthält und (b) einem Zeichenformat zugewiesen ist, welches in den jeweiligen Zeichenformatoptionen unter *Grundlegende Zeichenformate→Position* die Option *Hochgestellt* aktiviert ist (s. Abb. 8.3).

Ein GREP-Stil kann ebenfalls bei der Erstellung eines neuen Absatzformats definiert werden. Weiterhin ist es möglich, einem Absatzformat mehrere GREP-Stile zuzuweisen. So kann der im obigen Abschnitt beschriebenen Absatzformat erhaltene GREP-Stil und der dazugehörige GREP-Befehl in mehrere GREP-Stile und den jeweils zugehörigen GREP-Befehlen (?<=km)(2|3), (?<=m)(2|3), (?<=dm)(2|3), (?<=cm)(2|3) und (?<=mm) (2|3) unterteilt werden. Beide Vorgehensweisen haben den selben Effekt auf einen mit dem entsprechenden Absatzformat zugewiesenen Textrahmen (s. Abb. 8.4).

Absatzformatoptionen

Allgemein   Formatname: Hochstellen
Grundlegende Zeichenformate   Position:
Erweiterte Zeichenformate   GREP-Stil
Einzüge und Abstände
Tabulatoren   Format anwenden: Position -> Hochgeste...
Absatzlinien   Auf Text: ((?<=km)|(?<=m)|(?<=dm)|(?<=cm)
Absatzrahmen
Absatzschattierung
Umbruchoptionen
Silbentrennung
Satz-Feineinstellungen
Spaltenspanne
Initialen und verschachtelte Formate
GREP-Stil
Aufzählungszeichen und Nummerierung
Zeichenfarbe
OpenType-Funktionen
Unterstreichungsoptionen   Neuer GREP-Stil   Löschen   ↑ ↓
Durchstreichungsoptionen
Tagsexport

☐ Vorschau   Abbrechen   OK

Abb. 8.2 Absatzformatoptionen in InDesign

Zeichenformatoptionen

Allgemein   Formatname: Position -> Hochgestellt
Grundlegende Zeichenformate   Position:
Erweiterte Zeichenformate   Grundlegende Zeichenformate
Zeichenfarbe
OpenType-Funktionen   Schriftfamilie: ⌄
Unterstreichungsoptionen   Schriftschnitt: ⌄
Durchstreichungsoptionen
Tagsexport   Schriftgrad: ⌄   ⌄   Zeilenabstand: ⌄   ⌄
                                           Kerning: ⌄   Laufweite: ⌄   ⌄
                                       Buchstabenart: ⌄   Position: Hochgestellt ⌄

                                         ☒ Unterstrichen   ☒ Ligaturen   ☒ Kein Umbruch
                                         ☒ Durchgestrichen

☐ Vorschau   Abbrechen   OK

Abb. 8.3 Zeichenformatoptionen in InDesign

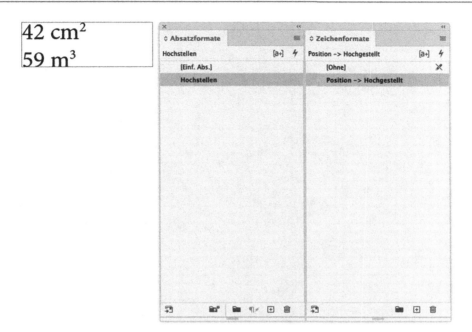

Abb. 8.4 Beispiel einer automatischen Stilisierung von Zeichenabfolgen bei Vorkommnissen von vordefinierten GREP-Stilen in InDesign

Ergänzende und vertiefende Literatur

- Fellenz, G (2015) InDesign automatisieren: keine Angst vor Skripting, GREP & Co, 2., aktualisierte und erweiterte Auflage. dpunkt.verlag, Heidelberg
- Friedl JEF (2006) Mastering Regular Expressions, Third edition. O'Reilly, Beijing Boston Farnham Sebastopol Tokyo
- Kahrel P (2019) GREP in InDesign, Third edition. CreativePro Network, Woodinville

C++-Plug-ins

9

Zusammenfassung

Einige Adobe-Anwendungen, darunter InDesign, Photoshop und Illustrator, bieten ein Software Development Kit (SDK) an, mit der die jeweilige Anwendung mit einem in der Programmiersprache C++ geschriebenen Plug-in erweitert werden kann. Der wesentliche Unterschied zwischen Skripten und C++-Plugins liegt darin, dass Skripte bestehende Funktionen in der jeweiligen Adobe-Anwendung steuern, während mit C++-Plug-ins auf Grundlage bestehender Funktionen der jeweiligen Adobe-Anwendung neue Funktionen realisiert werden können. Ein wesentlicher Vorteil von C++-Plug-ins ist Performance, da diese maschinennahe Programmiersprache schneller ausgeführt wird als z. B. eine Skriptsprache. Die Adobe Developer Console ist ein zentraler Ort, der neben den SDKs umfangreiche Dokumentationen und Codebeispiele bereit hält, die essentiell für die Entwicklung von u. a. C++-Plug-ins sind.

9.1 Einführung

Einige Adobe-Anwendungen, darunter InDesign, Photoshop und Illustrator, bieten ein SDK an, mit der die jeweilige Anwendung mit einem in der Programmiersprache C++ geschriebenen Plug-in erweitert werden kann. Es ist anzunehmen, dass die Entwicklung von C++-Plug-ins die aufwendigste Methode ist, einen DTP-Automatismus zu realisieren. Selbst einfache Funktionen, die sonst mit wenigen Skript-Codezeilen durchgeführt werden, können im Rahmen der C++-Plug-in-Entwicklung einen hohen Programmieraufwand beanspruchen. Da viele SDK-Funktionen auch mit Skripten abgebildet werden können, ist es empfehlenswert, vor der Realisierung eines DTP-Softwareprojekts zu ermitteln, welche Anwendungsfälle abgedeckt werden sollen, um so die geeignete Technologie auszuwählen.

Der wesentliche Unterschied zwischen diesen beiden Technologien liegt darin, dass Skripte bestehende Funktionen in der jeweiligen Adobe-Anwendung steuern, während mit C++-Plug-ins auf Grundlage bestehender Funktionen der jeweiligen Adobe-Anwendung neue Funktionen realisiert werden können. Dies ruft gleichzeitig den Mehraufwand hervor, da ein Skript-Entwickler lediglich mit der obersten Abstraktionsebene einer Adobe-Anwendung in Berührung kommt, während das Entwickeln eines C++-Plug-ins voraussetzt, mit unteren Abstraktionsebenen zu interagieren und zahlreiche Interdependenzen zu berücksichtigen.

Ein wesentlicher Vorteil von C++-Plug-ins ist Performance, da diese maschinennahe Programmiersprache schneller ausgeführt wird als eine Skriptsprache.

9.2   Erste Schritte

Wird die eigene Entwicklung von C++-Plug-ins von einer Adobe Anwendung unterstützt, ist die mit der jeweiligen Adobe Anwendung korrespondierende SDK in der Adobe Developer Console[1] verfügbar. Die Developer Console ist ein zentraler Ort, der neben den SDKs umfangreiche Dokumentationen und Code-Beispiele bereit hält, die essentiell für die Entwicklung von Adobe-Erweiterungen – darunter C++-Plug-ins – sind. Für die Plug-in-Entwicklung ist das IDE Apple Xcode in der Version 14.2 (macOS) bzw. MS Visual Studio 2022 gemeinsam mit der Komponente Visual C++ (Windows) vorausgesetzt.

Damit die SDKs u. a. aktuelle Anwendungsfunktionen unterstützen, werden diese fortlaufend aktualisiert. Während bei der Photoshop-SDKs ein jährlicher Updatezyklus zu beobachten ist, werden die SDKs von InDesign und Illustrator mehrfach im Jahr aktualisiert (s. Abb. 9.1). Ein SDK ist lediglich in ihrer korrespondierenden Anwendungsversion lauffähig. Damit die Funktionalität eines eigens entwickelten C++-Plug-ins in neueren Anwendungsversionen gewährleistet wird, ist diese mit jeder neuen Hauptversion einer Adobe-Anwendung mit der zugehörigen SDK-Version neu zu kompilieren.

---

[1] https://developer.adobe.com/console/servicesandapis

Abb. 9.1 Auflistung der aktuellen InDesign-SDK-Versionen für die Anwendungsversion 2024 in der Adobe Developer Console

Ergänzende und vertiefende Literatur

- Adobe (2023) InDesign SDK Documentation. https://developer.adobe.com/console/servicesandapis
- Adobe (2023) Photoshop Plug-In and Connection SDK. https://developer.adobe.com/console/servicesandapis
- Adobe (2024) Illustrator SDK. https://developer.adobe.com/console/servicesandapis
- Coppieters K (2009) Adobe InDesign CS3/CS4 SDK Programming. Rorohiko Ltd.

Common Extensibility Platform (CEP) 10

Zusammenfassung

CEP ermöglicht die Entwicklung von Erweiterungen mit HTML, Cascading Style Sheets (CSS) und JS, die u. a. in Form eines Panels nahtlos in das UI der Adobe-Anwendung eingebettet werden können. Die Macht von CEP liegt in der Unterstützung von Node.js und ExtendScript. Das Zusammenspiel dieser Technologien ermöglicht die Realisierung vielfältiger Softwareprojekte im Rahmen der DTP-Automatisierung. Im Rahmen der CEP-Technologie wird die Interaktion einer CEP-Erweiterung mit einer Host-Anwendung ermöglicht. Ebenso möglich ist die Kommunikation von Host-Anwendungen und CEP-Erweiterungen untereinander.

10.1 Einführung

CEP ermöglicht die Entwicklung von Erweiterungen mit HTML, CSS und JS, die in Form eines Panels nahtlos in das UI der Adobe-Anwendung eingebettet, über einen Menübefehl als Modalfenster aufgerufen oder unsichtbar im Hintergrund geladen werden können. Mit der nahtlosen Einbindung eigener Erweiterungen in Adobe-Anwendungen wird eine intuitive User Experience (UX) gewährleistet. Die Macht von CEP liegt in der Unterstützung von Node.js und ExtendScript. Somit lassen sich Node.js-Module implementieren, um beispielsweise Datenbank-Anbindungen zu realisieren, auf das Dateisystem zuzugreifen oder Systeminformationen auszulesen, sowie Skripte an die Host-Anwendung (z. B. InDesign) zu übergeben und ausführen zu lassen (s. Abb. 10.1). Das Zusammenspiel dieser Technologien ermöglicht die Realisierung vielfältiger Softwareprojekte im Rahmen der DTP-Automatisierung.

© Der/die Autor(en), exklusiv lizenziert an Springer Fachmedien Wiesbaden GmbH, ein Teil von Springer Nature 2025
E. Gündoğan, *Robotic Process Automation (RPA) im Desktop-Publishing*,
https://doi.org/10.1007/978-3-658-46622-0_10

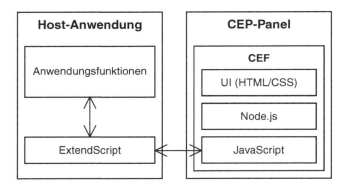

Abb. 10.1 CEP-Architektur

Einen Nachteil bringt CEP mit sich: Ähnlich wie der Browser Google Chrome beansprucht ein CEP-Panel viel Arbeitsspeicher bzw. Random-Access Memory (RAM). Insbesondere das Öffnen mehrerer CEP-Erweiterungen ruft größere Performance-Abstriche hervor. Weiterhin ist die Methodik, Befehle als String zwischen CEP-Erweiterungen und Host-Anwendung auszutauschen, zwischenzeitlich veraltet. Aus diesen und diversen weiteren Gründen wird CEP längerfristig durch eine neue Technologie – UXP; behandelt in Kap. 11 – ersetzt. Wie lange der vollständige Übergang zu dieser neuen Technologie andauern wird, ist zum jetzigen Zeitpunkt unbekannt. Seit der 2021er Version von Photoshop, sowie mit InDesign 2023 steht UXP Entwicklern erstmals für die Entwicklung von Plug-ins zur Verfügung. Die Illustrator-Erweiterbarkeit mit UXP ist bis heute noch nicht möglich.

Weiterführende Dokumentationen und Codebeispiele rund um CEP lassen sich auf der Github-Seite von Adobe CEP[1] finden.

10.2   Erste Schritte

Adobe-Anwendungen durchsuchen während der Initialisierung bestimmte Ordnerpfade, um CEP-Erweiterungen zu identifizieren und diese in der jeweiligen Anwendung bereitzustellen, sofern die Voraussetzungen der Erweiterung erfüllt werden. Welche Ordnerpfade relevant sind und wie die so genannte Manifest-Konfiguration für eine CEP-Erweiterung vorgenommen werden kann, wird in den nachfolgenden Abschnitten beschrieben.

---

[1] https://github.com/Adobe-CEP

10.2.1 Organisation von CEP-Erweiterungen

Die Organisation von CEP-Erweiterungen erfolgt in den drei Methoden anwendungs-, system- und benutzerbasiert. In diesem Kontext bedeutet anwendungsbasiert, dass jede Adobe-Anwendung, die CEP-Erweiterungen unterstützt, über einen entsprechenden Ordner

```
[Anwendungsordner]/CEP/extensions
```

für die Organisation von CEP-Erweiterungen bereitstellt. So können CEP-Erweiterungen dezentral per Anwendung und Anwendungsversion organisiert werden, um beispielsweise die Funktionsweise einer CEP-Erweiterung in einer alternativen Anwendungsversion oder in einer Vorabversion einer Adobe-Anwendung zu prüfen.

Für die zentralisierte Organisation von CEP-Erweiterungen, kann sowohl die system- als auch die benutzerbasierte Methode angewandt werden. Sollen CEP-Erweiterungen systemweit und benutzerunabhängig zur Verfügung gestellt werden, kann der Pfad

```
/Library/Application Support/Adobe/CEP/extensions
```

bzw.

```
C:\Program Files\Common Files\Adobe\CEP\extensions
```

verwendet werden. Sollen CEP-Erweiterungen jedoch benutzerbasiert und somit nicht allen lokalen Benutzern zur Verfügung gestellt werden, kann der Pfad

```
~/Library/Application Support/Adobe/CEP/extensions
```

bzw.

```
C:\Users\[Benutzername]\AppData\Roaming\Adobe\CEP\extensions
```

verwendet werden. Während der Initialisierung einer Adobe-Anwendung wird zunächst der anwendungsbasierte, danach der systembasierte und schließlich der benutzerbasierte Pfad der CEP-Erweiterungen durchsucht.

Jede CEP-Erweiterung verfügt über einen eigenen Ordner in den obigen Pfaden. Diese müssen einen Ordner CSXS beinhalten, welches eine Datei manifest.xml beinhaltet, um als eine CEP-Erweiterung identifiziert werden zu können. Außer dieser Bedingung kann der Inhalt eines CEP-Erweiterung-Ordners zwar beliebig gestaltet werden, zwecks Übersichtlichkeit sollte dieser jedoch einer einheitlichen Struktur folgen. Beispielsweise können Dateitypen in jeweilige Ordner – z. B. html, js, jsx, css etc. – unterteilt werden, sodass alle Dateien eines gleichen Typs sich im selben Ordner befinden. Bilddateien können in einem Ordner img abgelegt werden, während für alle anderen Dateitypen ein Ordner etc erstellt werden kann.

10.2.2 Manifest-Konfiguration

Die folgende beispielhafte Manifest-Konfigurationsdatei manifest.xml enthält alle für die
Initialisierung beliebig vieler CEP-Erweiterungen notwendigen Parameter:

```xml
<?xml version="1.0" encoding="UTF-8" standalone="no"?>
<ExtensionManifest Version="7.0" ExtensionBundleId="RPAiDTP"
    ExtensionBundleVersion="1.0" ExtentionBundleName="RPAiDTP: CEP" xmlns:
    xsi="http://www.w3.org/2001/XMLSchema-instance">

    <ExtensionList>
        <Extension Id="RPAiDTP.CEPPanel" Version="1.0"/>
        <Extension Id="RPAiDTP.CEPPanelTwo" Version="1.0"/>
        <Extension Id="RPAiDTP.CEPPanelThree" Version="1.0"/>
        <Extension Id="RPAiDTP.CEPModal" Version="1.0"/>
        <Extension Id="RPAiDTP.CEPModeless" Version="1.0"/>
    </ExtensionList>

    <ExecutionEnvironment>
        <HostList>
            <Host Name="IDSN" Version="11.0"/>
            <Host Name="ILST" Version="22.0"/>
            <Host Name="PHSP" Version="16.0"/>
            <Host Name="PHXS" Version="16.0"/>
            <Host Name="KBRG" Version="7.0"/>
        </HostList>

        <LocaleList>
            <Locale Code="de_DE"/>
            <Locale Code="en_GB"/>
        </LocaleList>

        <RequiredRuntimeList>
            <RequiredRuntime Name="CSXS" Version="7.0"/>
        </RequiredRuntimeList>
    </ExecutionEnvironment>

    <DispatchInfoList>
        <Extension Id="RPAiDTP.CEPPanel">
            <DispatchInfo>
                <Resources>
                    <MainPath>./html/index.html</MainPath>
                    <ScriptPath>./jsx/main.jsx</ScriptPath>
                    <CEFCommandLine>
                        <Parameter>--enable-nodejs</Parameter>
                        <Parameter>--mixed-context</Parameter>
                    </CEFCommandLine>
                </Resources>
```

```
<UI>
    <Type>Panel</Type>
    <Menu>RPAiDTP: CEP Panel</Menu>
    <Geometry>
        <Size>
            <Height>1100</Height>
            <Width>440</Width>
        </Size>
        <MaxSize>
            <Height>1600</Height>
            <Width>1600</Width>
        </MaxSize>
        <MinSize>
            <Height>50</Height>
            <Width>50</Width>
        </MinSize>
    </Geometry>
</UI>
        </DispatchInfo>
</Extension>

<Extension Id="RPAiDTP.CEPPanelTwo">
    <DispatchInfo>
        <Resources>
            <MainPath>./html/index-two.html</MainPath>
            <ScriptPath>./jsx/main-two.jsx</ScriptPath>
            <CEFCommandLine>
                <Parameter>--enable-nodejs</Parameter>
                <Parameter>--mixed-context</Parameter>
            </CEFCommandLine>
        </Resources>
        <UI>
            <Type>Panel</Type>
            <Menu>RPAiDTP: CEP Panel Two</Menu>
            <Geometry>
                ...
            </Geometry>
        </UI>
    </DispatchInfo>
</Extension>

<Extension Id="RPAiDTP.CEPPanelThree">
    ...
</Extension>

<Extension Id="RPAiDTP.CEPModal">
    <DispatchInfo>
        <Resources>
            ...
```

```
    </Resources>
    <UI>
        <Type>ModalDialog</Type>
        <Menu>RPAiDTP: CEP ModalDialog</Menu>
        <Geometry>
            ...
        </Geometry>
    </UI>
    </DispatchInfo>
</Extension>

<Extension Id="RPAiDTP.CEPModeless">
    <DispatchInfo>
        <Resources>
            ...
        </Resources>
        <UI>
            <Type>Modeless</Type>
            <Menu>RPAiDTP: CEP Modeless</Menu>
            <Geometry>
                ...
            </Geometry>
        </UI>
    </DispatchInfo>
</Extension>

    </DispatchInfoList>
</ExtensionManifest>
```

Mithilfe der Parameter Host Name und Host Version werden diejenigen Adobe-Anwendungen sowie deren Mindestversionen angegeben, die mit der jeweiligen CEP-Erweiterung kompatibel sind. Die derzeit elfte Version von CEP wird unterstützt von den Adobe-Anwendungen Photoshop (PHSP/PHXS; ab 23.0), InDesign (IDSN; ab 16.3), InCopy (AICY; ab 16.3), Illustrator (ILST; ab 25.3), Premiere Pro (PPRO; ab 15.4), Prelude (PRLD; ab 10.1), After Effects (AEFT; ab 18.4), Animate (FLPR; ab 22.0), Audition (AUDT; ab 14.4), Dreamweaver (DRWV; ab 22.0), Bridge (KBRG; ab 12.0) sowie Premiere Rush (RUSH; ab 2.1).

Im Rahmen von CEP gibt es eine Besonderheit bezüglich Photoshop auf Apple-Silicon-Geräten zu beachten. Aufgrund des bevorstehenden Technologiewandels von CEP auf UXP (behandelt in Kap. 11) werden CEP-Erweiterungen in aktuellen Photoshop-Versionen lediglich im Kompatibilitätsmodus mithilfe von Rosetta 2 unterstützt. Dazu ist die Photoshop im Finder auszuwählen und die Option *Ablage→Informationen→Mit Rosetta öffnen* zu aktivieren. Anschließend stehen CEP-Erweiterungen in Photoshop über *Fenster→Erweiterungen (klassisch)* zur Verfügung. In InDesign und Illustrator lassen sich CEP-Erweiterungen wie gewohnt über *Fenster→Erweiterungen* ohne Aktivierung des Kompatibilitätsmodus starten.

Standardmäßig lassen sich lediglich signierte[2] CEP-Erweiterungen starten. Um diese Prüfung zu umgehen und unsignierte CEP-Erweiterungen starten zu können, kann unter macOS mit dem Terminal-Befehl

```
defaults write com.adobe.CSXS.[CEP Version] PlayerDebugMode 1
```

eine entsprechende Property-List(Plist)-Datei erstellt werden, die das Ausführen unsignierter CEP-Erweiterungen erlaubt. Unter Windows lässt sich der identische Effekt mit dem Terminal-Befehl

```
reg add HKCU\Software\Adobe\CSXS.[CEP Version] /v PlayerDebugMode /t REG_SZ
     /d "1"
```

erreichen. Dieser Befehl erstellt einen Registrierungsunterschlüssel, welcher ebenfalls das Ausführen unsignierter CEP-Erweiterungen ermöglicht. Seit 2021 hat Adobe CEP keine Aktualisierungen erhalten, weshalb die CEP-Version seither bei 11 ist.

Der Parameter `ExtensionBundleId` stellt eine eindeutige Paket-ID bzw. Bundle-ID dar und wird im Parameter `Extension Id` durch eine zusätzliche, eindeutige ID erweitert. Der Pfad der HTML-Datei, die nach der Initialisierung der CEP-Erweiterung angezeigt werden soll, wird im Parameter `MainPath` angegeben. `ScriptPath` enthält den Pfad zur korrespondierenden ExtendScript-Datei an. Mit `Menu` wir der Anzeigename der CEP-Erweiterung definiert, welcher in der jeweiligen Adobe-Anwendung unter *Erweiterungen* aufgelistet wird. Die initiale Fenstergröße der CEP-Erweiterung wird mit den Parametern `Height` und `Width` innerhalb des `Size`-Elements bestimmt. Optional können mit den Elementen `MaxSize` und `MinSize` gemeinsam mit den jeweils beinhaltenden Parametern `Height` und `Width` die maximale bzw. minimale Fenstergröße der CEP-Erweiterung bestimmt werden.

10.2.3 Typ der CEP-Erweiterung

Eine CEP-Erweiterung kann sowohl sichtbar in Form eines Panels (`Panel`; s. Abb. 10.2), Modalfensters (`ModalDialog`; s. Abb. 10.3) und nicht-modalen Fensters (`Modeless`) als auch unsichtbar (`Custom`) sein. Während bei einer CEP-Erweiterung des Typs `ModalDialog` das Modalfenster erst geschlossen werden muss, um mit dem jeweiligen Host bzw. der jeweiligen Adobe-Anwendungen weiter interagieren zu können, benötigt eine CEP-Erweiterung des Typs `Modeless` keine zwingende Aufmerksamkeit des Anwenders. Welches dieser insgesamt vier Erweiterungstypen für die jeweilige CEP-Erweiterung in Frage kommt, wird im Manifest-Parameter `Type` angegeben.

---

[2] https://github.com/Adobe-CEP/Getting-Started-guides/tree/master/Package%20Distribute %20Install

Abb. 10.2 CEP-Erweiterung
in Form eines Panels

Abb. 10.3 CEP-Erweiterung
in Form eines Modalfensters

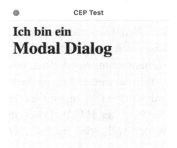

10.2.4 Mehrsprachigkeit von CEP-Erweiterungen

Während mit <Locale Code="All" /> hingedeutet wird, dass sich die CEP-Erweiterung auf beliebige Sprachen bezieht, kann für die Realisierung mehrsprachiger CEP-Erweiterungen der Parameter Locale Code gemeinsam mit dem gewünschten Sprachcode bzw. Locale eingesetzt werden (z. B.: <Locale Code="de_DE" /> und <Locale Code= "en_US" />). Diese sind dem Element LocaleList unterzuordnen:

```
<LocaleList>
    <Locale Code="de_DE" />
    <Locale Code="en_US" />
</LocaleList>
```

Zusätzlich zu der obigen Anpassung innerhalb der Manifest-Konfigurationsdatei ist im Stammordner der CEP-Erweiterung ein Ordner locale anzulegen, welcher weitere nach den korrespondierenden Sprachcodes benannte Ordner enthält (z. B.: /locale/de_DE und /locale/en_US). Sowie dem locale-Ordner als auch den individuellen Unterordnern wie /locale/de_DE und /locale/en_US ist jeweils eine aus Schlüssel-Wert-Paaren bestehende Datei messages.properties beizulegen, die die Übersetzungen der relevanten String-Werte wie folgt enthält:

```
greetingString=Hallo
welcomeTextString=Dies ist ein Beispiel-Panel, das dir den Einstieg in CEP
    erleichtert.
...
```

Nachträglich können die auf die Host-Sprache korrespondierenden Übersetzungen der Strings mithilfe der `CSInterface`-Bibliothek – diese wird im nachfolgenden Abschnitt beschrieben – wie folgt als Objekt zur Verfügung gestellt werden:

```
let resourceBundle = csInterface.initResourceBundle();
```

Den beiden obigen Strings zugewiesenen Werte sind anschließend mit

```
resourceBundle.greetingString
```

sowie

```
resourceBundle.welcomeTextString
```

verfügbar und können verwendet werden, um beispielsweise HTML-Inhalte wie folgt zu überschreiben:

```
document.getElementById("welcomeHello").innerHTML = resourceBundle.
    greetingString;
document.getElementById("welcomeTxt").innerHTML = resourceBundle.
    welcomeTextString;
```

10.3 CEP-Bibliotheken

Im Rahmen der CEP-Technologie stellt Adobe zwei JS-Bibliotheken *CSInterface.js* und *Vulcan.js* zur Verfügung, mit denen die Interaktion einer CEP-Erweiterung mit einer Host-Anwendung ermöglicht wird. Ebenso ermöglichen diese Bibliotheken die Kommunikation von Host-Anwendungen und CEP-Erweiterungen untereinander. Für die vollumfängliche Nutzung der CEP-Technologie empfiehlt es sich, beide Bibliotheken auf der HTML- oder JS-Ebene der jeweiligen CEP-Erweiterung einzubinden. Die nachfolgenden Abschnitte geben einen Überblick über diese beiden Bibliotheken.

10.3.1 Host-Kommunikation

Die CEP-Bibliothek *CSInterface.js* stellt Methoden und Eigenschaften bereit, die für die Interaktion mit einer Host-Anwendung sowie mit CEP-Erweiterungen hilfreich sind. Die `CSInterface`-Bibliothek kann im head-Element in der zentralen HTML-Datei eingebunden werden:

```
<script src="../js/CSInterface.js" defer></script>
```

Anschließend kann mit

```
let csInterface = new CSInterface();
```

zunächst ein neues `CSInterface`-Objekt instanziiert werden, sodass anschließend diverse Host-relevante Methoden und Eigenschaften zur Verfügung stehen. Nachfolgend wird auf die wichtigsten Methoden und Eigenschaften eingegangen.

Host- und Client-Informationen

Ist das `CSInterface`-Objekt instanziiert, können mit der Eigenschaft `csInterface` `.hostEnvironment` Informationen über den Host, auf welchem die jeweilige CEP-Erweiterung ausgeführt wird, ausgelesen werden. Dazu zählen die ID bzw. der Name des Hosts (`csInterface.hostEnvironment.appId` bzw. `csInterface.hostEnvironment` `.appName`; z. B. `"IDSN"`), die aktive Sprache des Hosts (`csInterface.hostEnvironment.` `appLocale`; z. B. `"de_DE"`) und die Version des Hosts (`csInterface.hostEnvironment.` `appVersion`; z. B. `"18.5"`). Diese Informationen über den Host können alternativ mit den Methoden

```
csInterface.getApplicationID();
```

und

```
csInterface.getHostEnvironment();
```

ermittelt werden. Das Client-Betriebssystem, auf welchem der Host ausgeführt wird, kann mit

```
csInterface.getOSInformation();
```

ermittelt werden (z. B. `"Mac OS X 13.2.0"`), um so plattformabhängige Abweichungen und Funktionen realisieren zu können. Dazu zählen beispielsweise Dateipfade, die wie folgt in Abhängigkeit des Betriebssystems deklariert werden können:

```
let iconPath;

if(csInterface.getOSInformation().includes("Mac")) {
    iconPath = "./img/";
} else {
    iconPath = ".\\img\\";
}
```

Tastaturereignisse

Eine CEP-Erweiterung kann auf Tastaturereignisse bzw. Keyboard Events reagieren um beispielsweise eine Funktion bei Eintritt bestimmter Tastenkürzel auszuführen. Da jedoch sämtliche Tastaturereignisse in erster Linie direkt an den Host gesendet werden ist eine CEP-Erweiterung zunächst nicht fähig, auf Tastaturereignisse zu reagieren. Demnach muss dem Host zunächst mitgeteilt werden, welche Tasten dieser zu ignorieren hat damit Tastaturereignisse letztendlich bei der CEP-Erweiterung ankommen. Für diesen Vorgang steht die Methode registerKeyEventsInterest() aus der CSInterface-Bibliothek zur Verfügung und wird von CEP-Erweiterungen der Typen Panel, ModalDialog und Modeless unterstützt. Diese Methode erwartet einen JavaScript-Object-Notation(JSON)-formatierten String und kann wie folgt aufgerufen werden:

```
csInterface.registerKeyEventsInterest(JSON.stringify(registeredKeysMac));
```

Als Grundlage dient ein JSON-Objekt, welches weitere Unterobjekte enthält, die jeweils angeben, welche Tastenkürzel nicht an den Host gesendet und für die CEP-Erweiterung registriert werden sollen. Die Unterobjekte bestehen jeweils aus einem Schlüssel-Wert-Paar keyCode und dem jeweiligen Tastaturcode. Die Tastaturcodes können sich je nach Betriebssystem – macOS[3] oder Windows[4] – unterscheiden. Beispielsweise ist der Tastaturcode der V-Taste unter macOS als 9 festgesetzt während er unter Windows 86 ist. Zusätzlich kann einem Unterobjekt ein weiterer Schlüssel-Wert-Paar hinzugefügt werden, welches angibt, ob neben einem Tastaturcode eine Steuerungstaste aktiv sein muss. Dieses Paar besteht aus einem der möglichen Schlüssel ctrlKey, altKey, shiftKey sowie metaKey und repräsentiert jeweils eine der möglichen Steuerungstasten. Wird der jeweiligen Steuertaste ein true-Wert zugewiesen, muss diese Taste im Rahmen des definierten Tastaturereignisses aktiv sein. metaKey repräsentiert die Befehlstaste unter macOS und wird nicht von Windows unterstützt. Für die Nutzung der linken bzw. rechten Windows-Taste ist auf die entsprechenden keyCodes 91 bzw. 92 zurückzugreifen.

In dem obigen Beispiel kommt das nachfolgende JSON-Objekt registeredKeysMac zum Einsatz, welches zwei Unterobjekte enthält die jeweils ein zu registrierendes Tastaturereignis definieren:

```
let registeredKeysMac = [{
    "keyCode": 9 // V
},
{
    "keyCode": 0, // A
    "metaKey": true
}];
```

Das erste Tastaturereignis in dem obigen Beispiel ist die V-Taste, welches unter macOS durch den keyCode mit dem Wert 9 repräsentiert wird. Die V-Taste aktiviert standardmäßig in InDesign und Illustrator das Auswahlwerkzeug und in Photoshop das

---

[3] https://eastmanreference.com/complete-list-of-applescript-key-codes

[4] https://learn.microsoft.com/de-de/dotnet/api/system.windows.forms.keys

Verschieben-Werkzeug. Das zweite Tastaturereignis ist die macOS-Tastenkombination cmd+A, repräsentiert durch "keyCode": 0 sowie "metaKey": true. Diese Tastenkombination ist zugleich der Befehl *Alles auswählen* in InDesign, Photoshop und Illustrator. Um beide Tastaturereignisse ebenfalls in Windows abzubilden kann das nachfolgende JSON-Objekt registeredKeysWin eingesetzt werden:

```
let registeredKeysWin = [{
    "keyCode": 86 // V
},
{
    "keyCode": 65, // A
    "ctrlKey": true
}];
```

In Abhängigkeit des Betriebssystems, auf dem die jeweilige CEP-Erweiterung ausgeführt wird, kann das jeweils korrespondierende Objekt eingesetzt werden:

```
if(csInterface.getOSInformation().includes("Mac")) {
    csInterface.registerKeyEventsInterest(JSON.stringify(registeredKeysMac))
        ;
} else {
    csInterface.registerKeyEventsInterest(JSON.stringify(registeredKeysWin))
        ;
}
```

Anschließend kann wie nachfolgend dargestellt ein Event Handler die obigen Tastaturereignisse überwachen und je nach eintretendem Ereignis den Funktionsverlauf umleiten:

```
window.addEventListener("keydown", function(e) {
    if (e.keyCode == 86) {
        alert("V pressed");
    } else if (e.metaKey && e.keyCode == 65) {
        alert("cmd+A pressed");
    } else if (e.ctrlKey && e.keyCode == 65) {
        alert("Ctrl+A pressed");
    }
});
```

Wie auch im obigen Beispiel ersichtlich basieren die keyCode-Eigenschaften des an die Callback-Funktion übergebenen KeyboardEvent-Objekts – hier 65 – auf die keyCode-Werte von Windows. Dies ist auch dann der Fall, wenn die CEP-Erweiterung auf macOS ausgeführt wird.

Das Ziel ist, mithilfe der registerKeyEventsInterest()-Methode die beiden obigen Tastaturereignisse in der jeweiligen CEP-Erweiterung abzufangen und nicht an den Host zu senden. In InDesign gelingt dies nur partiell. Die Tastaturereignisse werden nur dann erkannt, wenn die CEP-Erweiterung im Vordergrund ist und nicht beispielsweise die

Arbeitsfläche. Weiterhin lässt sich beobachten, dass Tastaturereignisse sowohl an die CEP-Erweiterung als auch an InDesign gesendet werden. In InDesign funktioniert demnach das abfangen von Tastaturereignissen nicht optimal. In Photoshop und Illustrator lässt sich ein ähnliches Verhalten beobachten, mit dem Unterschied, dass Tastaturereignisse, die von einer im Vordergrund befindlichen CEP-Erweiterung erkannt werden nicht zusätzlich an Photoshop bzw. Illustrator gesendet werden. Das ausschließliche Abfangen von Tastaturereignissen von einer CEP-Erweiterung ist demnach in Photoshop und Illustrator nur dann möglich, sofern die Erweiterung im Vordergrund ist.

Host-Benutzeroberfläche

Dem Anwender steht die Möglichkeit zur Verfügung, die Benutzeroberfläche der Adobe-Anwendungen InDesign, Photoshop und Illustrator zu ändern und zwischen den vier Farbschemata *Dunkel*, *Mitteldunkel*, *Mittelhell* und *Hell* zu wählen. Alle vier Farbschemata sind wie in Abb. 10.4 dargestellt konsistent zwischen den Anwendungen und bestehen aus folgenden RGB-Farbwerten:

```
let uiDunkel = 'rgba(50, 50, 50, 1)';
let uiMitteldunkel = 'rgba(83, 83, 83, 1)';
let uiMittelhell = 'rgba(184, 184, 184, 1)';
let uiHell = 'rgba(240, 240, 240, 1)';
```

Aus diesem Grund ist es empfehlenswert, die Benutzeroberfläche der eigenen CEP-Erweiterung an das jeweils aktive Farbschema des jeweiligen Hosts anzupassen. Die Farbe der Host-Benutzeroberfläche kann mit

```
csInterface.hostEnvironment.appSkinInfo.appBarBackgroundColor.color;
```

ausgelesen werden (z. B. blue: 240, green: 240, red: 240), um beispielsweise nachträglich die Benutzeroberfläche der jeweiligen CEP-Erweiterung der des Hosts anzupassen:

```
let hostColors = csInterface.hostEnvironment.appSkinInfo.
    appBarBackgroundColor.color;

document.body.style.background = `rgba(${hostColors.red}, ${hostColors.
    green}, ${hostColors.blue}, 1)`;
```

Diese Funktion ist besonders dann nützlich, wenn eine Anpassung der UI-Elemente einer CEP-Erweiterung an die Farbe der Host-Benutzeroberfläche gewünscht ist.

Host-Skriptausführung

Eine der essentiellen Methoden der `CSInterface`-Bibliothek ist `evalScript()`, mit der eine bidirektionale JS-ExtendScript-Kommunikation ermöglicht wird. Um auf dem Host ein Skript in der Sprache ExtendScript auszuführen, wird das Skript als String von der

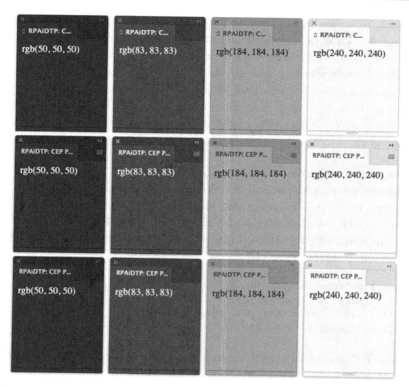

Abb. 10.4 Die vier Benutzeroberflächen-Farbschemata *Dunkel*, *Mitteldunkel*, *Mittelhell* und *Hell* in InDesign, Photoshop und Illustrator

JS-Ebene auf die ExtendScript-Ebene bzw. auf den Host übertragen und dort ausgeführt (s. Abb. 10.1). Beispielsweise kann mit

```
csInterface.evalScript("alert(app.activeDocument.name);");
```

der Dateiname des aktuell geöffneten Dokuments in einem Dialogfenster in der jeweiligen Adobe-Anwendung angezeigt werden. Optional kann die Methode `evalScript()` das Ergebnis einer in der Host-Anwendung ausgeführten Funktion liefern. So kann beispielsweise mit

```
csInterface.evalScript("String(app.activeDocument.pages.length);",
    function(result) {
    alert(`Das aktive Dokument enthält ${result} Seite${result > 1 ? 'n' :
        ''}`);
});
```

die Seitenanzahl des aktiven Dokuments in einem Dialogfenster angezeigt werden.

Wie in diesem Beispiel ersichtlich ist eine return-Anweisung im Skript nicht nur verzichtbar, sondern auch nicht möglich. Wird die Methode evalScript() gemeinsam mit dem Skript

```
return String(app.activeDocument.pages.length);
```

aufgerufen, wird eine Fehlermeldung EvalScript error. ausgegeben. Die Methode evalScript() gibt denjenigen Wert zurück, welcher im Skript auf ExtendScript- bzw. JavaScript-based-ExtendScript(JSX)-Ebene zuletzt aufgerufen wird. Nach Ausführung des Programmcodes

```
csInterface.evalScript("var a = 'eins'; var b = 'zwei'; var c = 'drei'; c;
    b; a;", function(result) {
    alert(result);
});
```

wird demnach der Wert der Variable a (eins) zurückgegeben, da diese auf JSX-Ebene als letztes aufgerufen wird. Diese Besonderheit gilt jedoch nur dann, wenn – wie in den obigen Beispielen – der Methode evalScript() das auszuführende Skript direkt geliefert wird. In diesen Fällen befindet sich das Skript in der JS-Ebene und wird dem Host auf die JSX-Ebene zur Ausführung übertragen. Wird stattdessen der Methode evalScript() ein Funktionsname geliefert und die jeweilige, auf der JSX-Ebene befindliche Funktion ausgeführt, so ist für einen Rückgabewert eine return-Anweisung wie gewohnt notwendig. Um diesen Fall zu konkretisieren wird das obige Beispiel zur Abfrage der Seitenanzahl des aktiven Dokuments wie folgt umgeschrieben:

```
csInterface.evalScript("getDocPages();", function(result) {
    alert(`Das aktive Dokument enthält ${result} Seite${result > 1 ? 'n' :
        ''}`);
});
```

Dieses Mal wird der Methode evalScript() statt einem Skript ein Funktionsname getDocPages() geliefert. Die korrespondierende Funktion getDocPages() ist in einer separaten jsx-Datei wie folgt deklariert und wird mit dem obigen Programmcode ausgeführt:

```
function getDocPages() {
    return String(app.activeDocument.pages.length);
}
```

Die evalScript()-Methode auf der JS-Ebene erhält den Rückgabewert von der auf der JSX-Ebene befindlichen Funktion getDocPages() und gibt diesen – ebenfalls die Seitenanzahl des aktiven Dokuments – in einem Dialogfenster aus.

Die oben beschriebene jsx-Datei ist vorerst – wie in Abschn. 10.2.2 erläutert – in einem ScriptPath-Element innherlab der Manifest-Konfiguration anzugeben und so dem jeweiligen CEP-Panel einzubinden. So lassen sich alle in dieser jsx-Datei deklarierten Funktionen mithilfe der evalScript()-Methode aufrufen.

Eine weitere Auffälligkeit in den obigen Beispielen, die lediglich InDesign und nicht Photoshop und Illustrator betrifft, sind numerische Rückgabewerte. Diese werden in InDesign nicht korrekt übertragen, weshalb numerische Rückgabewerte aus dem Host in einen leeren String resultieren. So wird in InDesign mit dem Programmcode

```
csInterface.evalScript("1984", function(result) {
    alert(`${typeof result}: ${result}`);
});
```

der Rückgabewert

```
string:
```

erhalten, während mit dem Programmcode

```
csInterface.evalScript("String(1984)", function(result) {
    alert(`${typeof result}: ${result}`);
});
```

der korrekt erwartete Rückgabewert

```
string: 1984
```

erhalten wird. In Photoshop und Illustrator antworten beide Funktionen mit

```
string: 1984
```

Dieses Verhalten lässt sich ebenfalls beobachten, wenn anstatt einer direkten Skriptausführung wie im obigen Beispiel die Methode der Funktionsausführung auf der JSX-Ebene gewählt wird.

Wie auch im obigen Beispiel zu beobachten, antwortet der Host stets mit einem String. Dieser lässt sich in der Regel auf der JS-Ebene mit der Methode JSON.parse() in den korrekten Datentyp umwandeln bzw. parsen. Eine entsprechende Erweiterung des obigen Beispiels in

```
csInterface.evalScript("returnNumAsStringJsx();", function(result) {
    result = JSON.parse(result);
    alert(`${typeof result}: ${result}`);
});
```

resultiert mit der korrekten Antwort

```
number: 1984
```

Einige Anwendungsfälle können den Austausch großer Datenmengen zwischen der JS- und JSX-Ebene in Form eines Objekts oder Arrays (die in JS ebenfalls zu Objekten zählen) erfordern. Die Übertragung solcher Daten mittels `evalScript()` erfolgt mit vorheriger Typumwandlung in einen String, z. B.

```
csInterface.evalScript(`exchangeDataJsx("{'a': 1, 'b': 2, 'c': 3}");`);
```

bzw.

```
csInterface.evalScript(`exchangeDataJsx(${JSON.stringify({'a': 1, 'b': 2,
    'c': 3})});`);
```

oder

```
csInterface.evalScript(`exchangeDataJsx("[1, 2, 3, 4, 5]");`);
```

bzw.

```
csInterface.evalScript(`exchangeDataJsx(${JSON.stringify([1, 2, 3, 4, 5])})
    ;`);
```

Auf diese Daten kann in der JSX-Ebene innerhalb der korrespondierenden Funktion `exchangeDataJsx(data)` z. B. mit

```
alert(data["b"]); // 2
```

oder

```
alert(data[1]); // 2
```

zugegriffen werden.

Die Methoden `JSON.stringify()` und `JSON.parse()` werden erst seit ECMAScript in der fünften Version unterstützt und stehen in ExtendScript nicht ohne Weiteres zur Verfügung. Um den umgekehrte Fall des obigen Datenaustauschs – von der JSX- zur JS-Ebene – mit der Methode `JSON.stringify()` zu unterstützen, muss zuvor die JSON-

Bibliothek[5] in der JSX-Ebene eingebunden werden. Diese kann in der Ordnerstruktur der jeweiligen CEP-Anwendung abgelegt und für die JSX-Ebene wie folgt zur Verfügung gestellt werden:

```
csInterface.evalScript(`$.evalFile('${csInterface.getSystemPath(SystemPath.
    EXTENSION)}/js/includes/json2.js');`);
```

Event Handler

Das Erzeugen bzw. Entfernen von Event Handler in JS mithilfe der Methode addEventListener() bzw. removeEventListener() wird mit der CSInterface-Bibliothek um weitere Ereignistypen erweitert. Während in JS das Eintreten von Ereignissen wie u. a. Mouse- (click, mousedown, mouseover etc.), Keyboard- (keydown, keyup, keypress etc.) und Window-Events (load, scroll, hashchange etc.) überwacht werden können, kann in InDesign, Photoshop und Illustrator mithilfe der CSInterface-Bibliothek mit

```
csInterface.addEventListener("documentAfterActivate", callback);
```

die Aktivierung eines Dokuments, mit

```
csInterface.addEventListener("documentAfterDeactivate", callback);
```

die Deaktivierung eines Dokuments, mit

```
csInterface.addEventListener("documentAfterSave", callback);
```

das Speichern eines Dokuments und mit

```
csInterface.addEventListener("applicationActivate", callback);
```

die Aktivierung einer Anwendung überwacht werden. Lediglich Photoshop unterstützt den Event Handler documentAfterActivate nicht. Im folgenden Beispiel wird nach Eintritt des Ereignisses applicationActivate eine Funktion evAppActive ausgeführt, die den Namen der in den Fokus gestellten Anwendung in einem Dialogfenster anzeigt:

```
csInterface.addEventListener("applicationActivate", evAppActive);

function evAppActive() {
    csInterface.evalScript("alert('Anwendung " + csInterface.hostEnvironment
        .appName + " im Fokus')");
}
```

---

[5] https://github.com/douglascrockford/JSON-js

Mithilfe der Methode `removeEventListener()` kann ein zuvor erzeugter Event Handler wieder entfernt werden. Beispielsweise kann die Überwachung des Ereignisses `applicationActivate` im obigen Beispiel mit

```
csInterface.removeEventListener("applicationActivate", evAppActive);
```

beendet werden.

Panel-Menü
Die Methode

```
csInterface.setPanelFlyoutMenu();
```

aus der `CSInterface`-Bibliothek ermöglicht das Erstellen eines Panel-Menüs und erwartet einen String im XML-Format als Parameter wie folgendermaßen beispielhaft dargestellt:

```
let panelMenu = `
<Menu>
    <MenuItem Id="pmOptOne" Label="aktiv / ausgewählt" Enabled="true"
        Checked="true" />
    <MenuItem Id="pmOptTwo" Label="aktiv / abgewählt" Enabled="true"
        Checked="false" />
    <MenuItem Id="pmOptThree" Label="inaktiv / ausgewählt" Enabled="false"
        Checked="true" />
    <MenuItem Id="pmOptFour" Label="inaktiv / abgewählt" Enabled="false"
        Checked="false" />
    <MenuItem Id="pmOptFive" Label="alle aktivieren / auswählen"
        Enabled="true" Checked="false" />

    <MenuItem Label="---" />

    <MenuItem Id="pmOptFatherOne" Label="Vater 1">
        <MenuItem Id="pmOptChildOne" Label="Kind 1, aktiv / ausgewählt"
            Enabled="true" Checked="true" />
        <MenuItem Id="pmOptChildTwo" Label="Kind 2, aktiv / abgewählt"
            Enabled="true" Checked="false" />
        <MenuItem Id="pmOptChildThree" Label="Kind 3, inaktiv / ausgewählt"
            Enabled="false" Checked="true" />
        <MenuItem Id="pmOptChildFour" Label="Kind 4, inaktiv / abgewählt"
            Enabled="false" Checked="false" />
        <MenuItem Id="pmOptFatherTwo" Label="Vater 2">
            <MenuItem Id="pmOptChildFive" Label="Kind 5" Enabled="true"
                Checked="false" />
        </MenuItem>
    </MenuItem>
</Menu>
`;
```

Die obige XML-Struktur kann mit `csInterface.setPanelFlyoutMenu(panelMenu);`
als Panel-Menü dargestellt werden. Das Resultat kann je nach Funktionsumfang des
Panel-Menüs in InDesign (s. Abb. 10.5), Photoshop (s. Abb. 10.6) und Illustrator
(s. Abb. 10.7) variieren. Der nachfolgende Abschnitt geht auf die Darstellungsunterschiede
in den jeweiligen Anwendungen ein.

Abb. 10.5 Beispiel-Panel-Menü eines CEP-Panels in InDesign

Abb. 10.6 Beispiel-Panel-
Menü eines CEP-Panels in
Photoshop

Abb. 10.7 Beispiel-Panel-
Menü eines CEP-Panels in
Illustrator

Ein Panel-Menü setzt sich aus einem `Menu`-Element und den darin enthaltenen `MenuItem`-Elementen zusammen. Jedes `MenuItem`-Element stellt eine Menüoption dar und enthält ein Attribut `Id` als eindeutigen Identifikator und `Label` als eindeutigen Titel der Menüoption. Die Attribute `Enabled` und `Checked` nehmen jeweils einen Boolean-Wert an und geben an, ob die jeweilige Menüoption aktiv und ausgewählt ist. Eine Zuweisung von "true" dieser beiden Attribute wird in InDesign nicht unterstützt bzw. eine Menüoption im Panel-Menü kann in InDesign kann nicht gleichzeitig inaktiv und ausgewählt sein (s. Abb. 10.5). Eine Besonderheit stellt ein `MenuItem`-Element mit dem `Label`-Attribut "---" dar. Dieses Element resultiert im Menü als einen horizontalen Separator und kann dazu dienen, um beispielsweise Menüoptionen zu gruppieren und die Übersichtlichkeit langer Menüs zu gewährleisten. Weiterhin können Menüs beliebig verschachtelt realisiert werden, indem in einem `MenuItem`-Element weitere `MenuItem`-Elemente untergeordnet werden. Verschachtelte Menüs werden in InDesign unterstützt (s. Abb. 10.5), in Photoshop (s. Abb. 10.6) und Illustrator (s. Abb. 10.7) hingegen nicht.

Um die Auswahl einer Menüoption eines Panel-Menüs zu überwachen, kann der für diesen Zweck benötigter Event Handler `com.adobe.csxs.events.flyoutMenuClicked` wie folgt erzeugt werden:

```
csInterface.addEventListener("com.adobe.csxs.events.flyoutMenuClicked",
    pmSelection);
```

In diesem Beispiel wird nach Auswahl einer Menüoption die Funktion `pmSelection()` ausgeführt und ein Objekt übergeben, welches u. a. Daten der jeweiligen Menüoption enthält. Wird die Menüoption mit dem `Id`-Parameter `pmOptOne` aus dem obigen Beispiel ausgewählt, erhält die Funktion `pmSelection()` folgendes Objekt:

```
{
    "extensionId": "test.panel",
    "data": {
        "menuName": "aktiv / ausgewählt",
        "menuId": "pmOptOne"
    },
    "appId": "CSXS",
    "type": "com.adobe.csxs.events.flyoutMenuClicked",
    "scope": "APPLICATION"
}
```

Der Schlüssel data dieses Objekts enthält den Titel (`menuName`) und den Identifikator (`menuId`) der ausgewählten Menüoption. Mit diesen beiden Schlüssel-Wert-Paaren kann letztendlich innerhalb der Funktion `pmSelection()` beispielsweise mithilfe einer `switch`-Anweisung, identifiziert werden, welche Menüoption ausgewählt worden ist, um so den weiteren Funktionsverlauf umleiten zu können. Mit dem Programmcode

```
function pmSelection(item) {

    switch (item.data.menuId) {

    case "pmOptOne":
        alert("Erste Menüoption gewählt.");

        ...
```

wird eine Meldung angezeigt, wenn die ausgewählte Menüoption über den Identifikator pmOptOne verfügt.

Die Methode

```
csInterface.updatePanelMenuItem();
```

kann eine Menüoption aktivieren und deaktivieren, sowie aus- und abwählen. Diese Methode erwartet drei Parameter: den Titel der anzupassenden Menüoption, sowie zwei Boolean-Werte – zum einen, ob die Menüoption aktiv ist, zum anderen, ob die Option ausgewählt ist. Um Menüoptionen aus- und abwählen zu können, kann zunächst der initiale Zustand der jeweiligen Option in einer Variable erfasst werden (z. B.: let pmOptTwoSelected = false;). Wird die korrespondierende Menüoption ausgewählt, kann in der Funktion pmSelection() der Wahrheitswert der Variable pmOptTwoSelected negiert und anschließend in der Methode csInterface.updatePanelMenuItem() verwendet werden. Dieser Prozess kann in der Funktion pmSelection() wie folgt realisiert werden:

```
case "pmOptTwo":
    pmOptTwoSelected = !pmOptTwoSelected;
    csInterface.updatePanelMenuItem("aktiv / abgewählt", true,
        pmOptTwoSelected);
    break;
```

Das Aktivieren bzw. Deaktivieren einer Menüoption erfolgt gleichermaßen und mithilfe des zweiten Parameters der Methode csInterface.updatePanelMenuItem().

Weiterhin können die beiden Event Handler com.adobe.csxs.events.flyoutMenuOpened und com.adobe.csxs.events.flyoutMenuClosed erzeugt werden, um das Öffnen und Schließen des Panel-Menüs zu überwachen:

```
csInterface.addEventListener("com.adobe.csxs.events.flyoutMenuOpened",
    evFmClick);
csInterface.addEventListener("com.adobe.csxs.events.flyoutMenuClosed",
    evFmClick);
```

Im nachfolgenden Beispiel wird eine boolesche Variable fmStatus eingesetzt, um den aktuellen Status des Panel-Menüs – geöffnet oder geschlossen – festzuhalten. Die Funktion evFmClick wird beim Öffnen bzw. Schließen des Panel-Menüs ausgeführt, und ein Dialogfenster mit dem aktuellen Status des Panel-Menüs wird angezeigt.

```
let fmStatus = false;

function evFmClick() {
    fmStatus = !fmStatus;
    csInterface.evalScript(`alert('Panel-Menü ${fmStatus ? "geöffnet"
        : "geschlossen"}.')`);
}
```

Auch dieser Event Handler lässt sich mithilfe der Methode `removeEventListener()` – wie alle weiteren Event Handler – erneut deaktivieren:

```
csInterface.removeEventListener("com.adobe.csxs.events.flyoutMenuOpened",
    evFmClick);
csInterface.removeEventListener("com.adobe.csxs.events.flyoutMenuClosed",
    evFmClick);
```

Kontextmenü

Nach einem ähnlichen Prinzip wie die Erstellung eines Panel-Menüs lässt sich mit der Methode

```
csInterface.setContextMenu();
```

aus der `CSInterface`-Bibliothek ein Kontextmenü mithilfe einer XML-Struktur erstellen:

```
let contextMenu = `
<Menu>
    <MenuItem Id="cmOptOne" Label="aktiv / ausgewählt" Enabled="true"
        Checked="true" Checkable="true" />
    <MenuItem Id="cmOptTwo" Label="aktiv / abgewählt" Enabled="true"
        Checked="false" Checkable="true" />
    <MenuItem Id="cmOptThree" Label="inaktiv / ausgewählt" Enabled="false"
        Checked="true" />
    <MenuItem Id="cmOptFour" Label="inaktiv / abgewählt" Enabled="false"
        Checked="false" />
    <MenuItem Label="---" />

    <MenuItem Id="cmOptFatherOne" Label="Vater 1">
        <MenuItem Id="cmOptChildOne" Label="Kind 1, aktiv / ausgewählt"
            Enabled="true" Checked="true" Icon="${iconPath}cmIconOne.png"/>
        <MenuItem Id="cmOptChildTwo" Label="Kind 2, aktiv / abgewählt"
            Enabled="true" Checked="false" Icon="${iconPath}cmIconTwo.png"/>
        <MenuItem Id="cmOptChildThree" Label="Kind 3, inaktiv / ausgewählt"
            Enabled="false" Checked="true" Icon="${iconPath}
            cmIconThree.png"/>
        <MenuItem Id="cmOptChildFour" Label="Kind 4, inaktiv / abgewählt"
            Enabled="false" Checked="false" Icon="${iconPath}
            cmIconFour.png"/>
```

```
   <MenuItem Id="cmOptFatherTwo" Label="Vater 2" Icon="${iconPath}
      cmIconFive.png">
      <MenuItem Id="cmOptChildFive" Label="Kind 5" Enabled="true"
         Checked="false" Checkable="true" />
   </MenuItem>
</MenuItem>
</Menu>
`;
```

Es ist nachträglich kein Event Listener für die Überwachung einer Menüoption-Interaktion notwendig. Stattdessen erwartet die Methode setContextMenu() zwei Parameter, zum einen den String, welcher die Menüstruktur beschreibt, zum anderen die Rückruffunktion bzw. Callback-Funktion:

```
csInterface.setContextMenu(contextMenu, cmSelection);
```

Die Callback-Funktion erhält kein Objekt wie im Fall eines Panel-Menüs sondern lediglich einen String, welches den Identifikator (Id-Attribut) der jeweiligen Menüoption enthält. Im folgenden Beispiel wird das Id-Attribut der Menüoption-Auswahl in einem Dialogfenster angezeigt:

```
function cmSelection(id) {
   alert(`Auswahl: ${id}`);
}
```

Die obige XML-Struktur resultiert mit dem in Abb. 10.8 dargestellten Kontextmenü, welches sich mit einem Rechtsklick auf dem korrespondierenden CEP-Panel anzeigen lässt und keine funktionellen Unterschiede zwischen InDesign, Photoshop und Illustrator aufweist.

Neben den aus Panel-Menüs bekannten XML-Attributen unterstützt das Kontextmenü zusätzlich das Attribut Checked sowie Icon. Das Checked-Attribut gibt an, ob eine Menüoption anwählbar ist oder nicht. Ist Checked auf true gesetzt, wird bei Auswahl einer Menüoption diese automatisch aus- bzw. abgewählt. Das Icon-Attribut hingegen

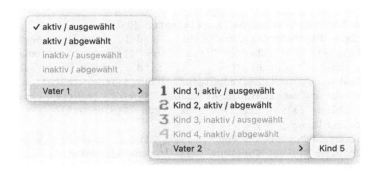

Abb. 10.8 Beispiel-Kontextmenü eines CEP-Panels

ermöglicht die Anzeige eines Icons neben der jeweiligen Menüoption. Dazu ist dem Wert dieses Attributs ein Pfad zu der jeweiligen Grafikdatei (vorzugsweise eine Portable-Network-Graphics(PNG)-Datei mit einer Größe von 16 x 16 Pixeln) anzugeben. Es ist anzumerken, dass das Attribut Checked nicht unterstützt wird, wenn auf der selben Menü-Ebene das Icon-Attribut eingesetzt wird.

Ein Kontextmenü lässt sich nicht nur in der XML-Struktur erstellen sondern auch wie folgt alternativ in der JSON-Struktur mithilfe der Methode setContextMenuByJSON():

```
csInterface.setContextMenuByJSON(contextMenuJson, cmSelection);
```

Das obige Beispiel eines Kontextmenüs in der JSON-Struktur ist wie folgt:

```
let contextMenuJson = `
{
    "menu": [
    {
        "id": "cmOptOne",
        "label": "aktiv / ausgewählt",
        "enabled": true,
        "checked": true,
        "checkable": true
    },
    {
        "id": "cmOptTwo",
        "label": "aktiv / abgewählt",
        "enabled": true,
        "checked": false,
        "checkable": true
    },
    {
        "id": "cmOptThree",
        "label": "inaktiv / ausgewählt",
        "enabled": false,
        "checked": true
    },
    {
        "id": "cmOptFour",
        "label": "inaktiv / abgewählt",
        "enabled": false,
        "checked": false
    },
    {
        "label": "---"
    },
    {
        "id": "cmOptFatherOne",
        "label": "Vater 1",
        "menu": [
        {
```

```
      "id": "cmOptChildOne",
      "label": "Kind 1, aktiv / ausgewählt",
      "enabled": true,
      "checked": true,
      "icon": "${iconPath}cmiconOne.png"
    },
    {
      "id": "cmOptChildTwo",
      "label": "Kind 2, aktiv / abgewählt",
      "enabled": true,
      "checked": false,
      "icon": "${iconPath}cmiconTwo.png"
    },
    {
      "id": "cmOptChildThree",
      "label": "Kind 3, inaktiv / ausgewählt",
      "enabled": false,
      "checked": true,
      "icon": "${iconPath}cmiconThree.png"
    },
    {
      "id": "cmOptChildFour",
      "label": "Kind 4, inaktiv / abgewählt",
      "enabled": false,
      "checked": false,
      "icon": "${iconPath}cmiconFour.png"
    },
    {
      "id": "cmOptFatherTwo",
      "label": "Vater 2",
      "icon": "${iconPath}cmiconFive.png",
      "menu": [
      {
         "id": "cmOptChildFive",
         "label": "Kind 5",
         "enabled": true,
         "checked": false,
         "checkable": true
      }
      ]
    }
    ]
  }
  ]
}
`;
```

10.3.2 Kommunikation zwischen Host-Anwendungen

Eine weitere CEP-Bibliothek *Vulcan.js* ermöglicht u. a. den Austausch von Nachrichten zwischen Adobe-Anwendungen bzw. Hosts. Werden für einen Automatisierungsprozess mehrere Anwendungen benötigt, lassen sich so die einzelnen Prozessschritte verketten und nacheinander durchführen. So ist es beispielsweise möglich, von einer CEP-Erweiterung in InDesign aus ein Befehl an eine CEP-Erweiterung in Photoshop weiterzugeben und auszuführen. Die Vulcan-Bibliothek kann im head-Element in der zentralen HTML-Datei eingebunden werden:

```
<script src="../js/Vulcan.js" defer></script>
```

Zunächst sind die zur Verfügung stehenden Endpunkte bzw. Endpoints mithilfe der Methode VulcanInterface.getEndPoints() zu identifizieren und ggf. in eine Variable auszulagern:

```
let endpoints = VulcanInterface.getEndPoints();
```

VulcanInterface.getEndPoints() liefert ein Array mit Strings im XML-Syntax als Rückgabewert, wie nachfolgend dargestellt:

```
<endPoint><appId>CCXP</appId><appVersion>1.0.0</appVersion></endPoint>,
<endPoint><appId>ILST</appId><appVersion>28.2.0</appVersion></endPoint>,
<endPoint><appId>ROBN</appId><appVersion>27.9.1</appVersion></endPoint>,
<endPoint><appId>ACHP</appId><appVersion>6.1.0</appVersion></endPoint>,
<endPoint><appId>LIBS</appId><appVersion>1.0.0</appVersion></endPoint>,
<endPoint><appId>ADCS</appId><appVersion>6.1.0</appVersion></endPoint>,
<endPoint><appId>ACCC</appId><appVersion>6.1.0</appVersion></endPoint>,
<endPoint><appId>ILST</appId><appVersion>27.9.1</appVersion></endPoint>,
<endPoint><appId>IDSN</appId><appVersion>19.1</appVersion></endPoint>,
<endPoint><appId>PHXS</appId><appVersion>25.4.0</appVersion></endPoint>,
<endPoint><appId>ROBN</appId><appVersion>28.2.0</appVersion></endPoint>,
<endPoint><appId>COSY</appId><appVersion>7.0</appVersion></endPoint>
```

Jedes endPoint-Element enthält jeweils ein appId- und appVersion-Element, mit denen die zur Verfügung stehenden Hosts nicht nur anhand ihrer Identifikatoren sondern auch ihrer Versionen identifiziert werden können. Es werden lediglich diejenigen Adobe-Anwendungen aufgeführt, die zum Zeitpunkt des Methodenaufrufs ausgeführt werden. Im Rahmen dieser Arbeit sind die appId-Elemente mit dem Wert IDSN, PHXS und ILST relevant. Nach näherer Betrachtung des obigen beispielhaften Rückgabewerts von VulcanInterface.getEndPoints() lässt sich feststellen, dass Illustrator zum Zeitpunkt des Methodenaufrufs in zwei Versionen – 28.2.0 und 27.9.1 – gestartet ist:

```
...
<endPoint><appId>ILST</appId><appVersion>28.2.0</appVersion></endPoint>,
...
<endPoint><appId>ILST</appId><appVersion>27.9.1</appVersion></endPoint>,
...
```

Der obige Rückgabewert kann iteriert und mit Unterstützung zweier regulärer Ausdrücke nach den gewünschten Hosts gefiltert werden. Im nachfolgenden Beispielcode wird für jede ausgeführte InDesign-, Photoshop und Illustrator-Instanz ein Button im korrespondierenden CEP-Panel generiert:

```
let endpoints = VulcanInterface.getEndPoints();

let regexId = /<appId>(.*?)<\/appId>/;
let regexVersion = /<appVersion>(.*?)<\/appVersion>/;

let o = "";

let apps = ["IDSN", "PHXS", "ILST"];

for (e of endpoints) {
    let appId = e.match(regexId)[1];
    let appVersion = e.match(regexVersion)[1];

    if (apps.includes(appId)) {
        o += `
        <input type="button" onclick="vulcanMesssageSend('${appId}',
            '${appVersion}');" value="Nachricht an ${appId} ${appVersion}" />
        `;
    }
}

document.getElementById("vulcanMessageButArea").innerHTML = o;
```

Ein Klick auf die im obigen Beispielcode generierten Buttons führt die folgende Funktion vulcanMesssageSend() aus und übermittelt dieser Funktion die beiden Parameter appId und appVersion:

```
function vulcanMesssageSend(id, ver) {
    let vulcanMessage = new VulcanMessage(VulcanMessage.TYPE_PREFIX +
        "cepTest", id, ver);

    vulcanMessage.setPayload(`Grüße von ${csInterface.hostEnvironment.
        appName} an`);

    VulcanInterface.dispatchMessage(vulcanMessage);
}
```

Mit

```
new VulcanMessage(VulcanMessage.TYPE_PREFIX + "cepTest", id, ver);
```

wird gemeinsam mit den drei Parametern Nachrichtentyp (hier: `VulcanMessage.`
`TYPE_PREFIX + "cepTest"`) sowie Identifikator (hier: `id`) und Version (hier: `ver`) des
Empfänger-Hosts ein neues `VulcanMessage`-Objekt instanziiert. Diese Instanz enthält die
Methode `setPayload()`, welches die zu sendende Nachricht als String erwartet und wie
folgt eingesetzt werden kann:

```
vulcanMessage.setPayload(`Grüße von ${csInterface.hostEnvironment.appName}
    an`);
```

Der Parameter Nachrichtentyp kann außerdem dazu genutzt werden, um die Nachricht an
ein bestimmtes CEP-Panel zu senden. So kann der Nachrichtenaustausch zwischen CEP-
Panels untereinander gewährleistet werden, selbst, wenn diese auf dem identischen Host
in der identischen Host-Version eingesetzt werden.

Wird der obige Button in InDesign ausgewählt und der Versand einer Nachricht nach
Illustrator in der Version 28.2.0 beabsichtigt, enthält des Objekt `vulcanMessage` folgenden
Inhalt:

```
type=vulcan.SuiteMessage.cepTest,
scope=GLOBAL,
appId=ILST,
appVersion=28.2.0,
data=<data><payload>R3LDvMOfZSB2b24gSURTTiBhbg==</payload></data>
```

Das payload-Element in der letzten Zeile des obigen Beispiels enthält die Nachricht
`Grüße von IDSN an` im Base64-kodiertem Format. Mit

```
VulcanInterface.dispatchMessage(vulcanMessage);
```

kann schließlich die Nachricht `vulcanMessage` versandt werden.

Das `VulcanInterface`-Objekt aus der `Vulcan`-Bibliothek stellt die Methode
`addMessageListener()` zur Verfügung, mit der eintreffende Vulcan-Nachrichten bzw.
VulcanMessages – ähnlich dem Konzept der Event Handler – wie folgt überwacht werden
können:

```
VulcanInterface.addMessageListener(VulcanMessage.TYPE_PREFIX + "cepTest",
    vulcanMesssageCallback);
```

Die Methode `addMessageListener()` erwartet die beiden Parameter Nachrichtentyp
(hier: `VulcanMessage.TYPE_PREFIX + "cepTest"`) sowie die Rückruffunktion bzw.
Callback-Funktion (hier: `vulcanMesssageCallback`). Demnach führt das obige Beispiel
die Funktion `vulcanMesssageCallback` dann aus, wenn eine Nachricht vom Typ

`VulcanMessage.TYPE_PREFIX` + `"cepTest"` empfangen wird. Diese Überwachung kann mit der Methode `removeMessageListener()` wieder deaktiviert werden.

Die komplementäre Methode zu `setPayload()` zum Setzen einer Nachricht ist `getPayload()` zum Auslesen einer Nachricht. Diese Methode kann in der oben erwähnten Callback-Funktion `vulcanMesssageCallback()` wie folgt eingesetzt werden:

```
function vulcanMesssageCallback (message) {
    let m = VulcanInterface.getPayload(message);
    csInterface.evalScript(`alert('${m} ${csInterface.hostEnvironment.
        appName}.')`);
};
```

Trifft eine Vulcan-Nachricht – im obigen Beispiel als `vulcanMessage` definiert – im Host ein, wird diese an die Funktion `vulcanMesssageCallback()` übermittelt. Aus diesem Input wird die Nachricht – im obigen Beispiel der Inhalt des payload-Elements – per `getPayload()` extrahiert und anschließend in einem Dialogfenster angezeigt. Das obige Beispiel resultiert mit dem in Abb. 10.9 dargestellten Dialogfenster mit dem Textinhalt `Grüße von IDSN an ILST.` in Illustrator.

10.4   Debugging

Die HTML-Engine von CEP basiert auf dem Chromium Embedded Framework (CEF), das das Einbetten von auf Chromium basierten Browsern in Anwendungen und nachträgliche Fehlerbehebungen bzw. Debugging mithilfe der Anwendung *CefClient* ermöglicht (s. Abb. 10.10). Auch mit anderen Browsern lässt sich eine CEP-Erweiterung debuggen. Eine CEP-Erweiterung lässt sich demnach mit einer Webanwendung vergleichen, welches mithilfe von Entwicklertools – ähnl. Chrome DevTools – analysieren und debuggen lässt.

Um das Debugging einer CEP-Erweiterung zu ermöglichen muss eine Datei mit dem Namen `.debug` im Stammordner der jeweiligen Erweiterung erstellt werden. Mithilfe dieser Datei lassen sich den gewünschten CEP-Erweiterungen eindeutige Ports zuweisen, mit denen das Debugging ermöglicht wird. Im Beispiel

Abb. 10.9 Eine von Illustrator
empfangene
Vulcan.js-Nachricht

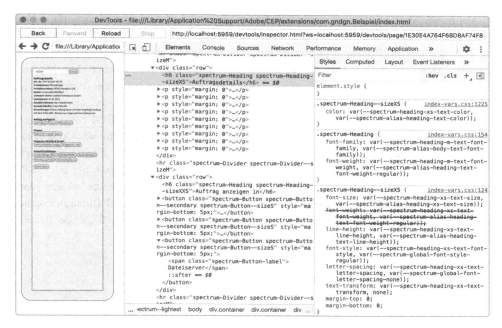

Abb. 10.10 Debugging einer CEP-Erweiterung mit *CefClient*

```xml
<?xml version="1.0" encoding="UTF-8"?>
<ExtensionList>
    <Extension Id="test.panel">
        <HostList>
            <Host Name="IDSN" Port="5959"/>
            <Host Name="PHXS" Port="5960"/>
            <Host Name="ILST" Port="5961"/>
        </HostList>
    </Extension>
    <Extension Id="test.panelZwei">
        <HostList>
            <Host Name="IDSN" Port="6059"/>
            <Host Name="PHXS" Port="6060"/>
            <Host Name="ILST" Port="6061"/>
        </HostList>
    </Extension>
</ExtensionList>
```

lässt sich die Erweiterung mit dem Identifikator `test.panel` in InDesign mit Port 5959, in Photoshop mit Port 5960 und in Illustrator mit Port 5961 debuggen. Eine weitere Erweiterung mit dem Identifikator `test.panelZwei` lässt sich ebenfalls mit drei weiteren, eindeutigen Ports debuggen. Um eines dieser Erweiterungen in einem Entwicklertool aufzurufen, ist die Adresse `localhost:` gefolgt von dem jeweiligen Port in CefClient bzw. einem Browser der Wahl aufzurufen.

Mit dieser Methode lässt sich die JSX-Ebene jedoch nicht debuggen. Das heißt weder ExtendScript-Fehlermeldungen, noch -Konsolenausgaben lassen sich im Entwicklertool im Rahmen des CEP-Debuggings anzeigen. Diese Lücke wird geschlossen durch das Plug-in *ExtendScript Debugger* für VS Code.[6] Der Debugger bietet neben dem Modus, ein Skript in der ExtendScript-Engine eines Hosts direkt auszuführen (behandelt in Abschn. 7.3) den Modus sich an die ExtendScript-Engine eines Hosts anzuknüpfen. Der letztere Modus eignet sich zum Debuggen der JSX-Ebene von CEP-Erweiterungen und lässt sich nach Öffnen des Stammordners der CEP-Erweiterung in VS Code (*Datei→Ordner öffnen...*) mit *Ausführen→Konfiguration hinzufügen...* einstellen. Nach Auswahl der Option *ExtendScript* im Dropdown-Menü wird im Stammordner der CEP-Erweiterung ggf. ein Ordner .vscode erstellt, worin eine Konfigurationsdatei launch.json erstellt wird. Zum Debuggen einer CEP-Erweiterung in InDesign und Illustrator kann innerhalb dieser Konfigurationsdatei das Array configurations um folgende beiden Objekte erweitert werden:

```
{
  "type": "extendscript-debug",
  "request": "attach",
  "name": "Attach to CEP Engine (IDSN)",
  "hostAppSpecifier": "indesign-19.064",
  "engineName": "RPAiDTP.CEPPanel_Engine_Id"
},
{
  "type": "extendscript-debug",
  "request": "attach",
  "name": "Attach to CEP Engine (ILST)",
  "hostAppSpecifier": "illustrator-28.064",
  "engineName": "transient"
}
```

Der Schlüssel hostAppSpecifier gibt den Identifikator des Hosts an, auf welchem die mit dem Debugger zu inspizierende CEP-Erweiterung ausgeführt wird. Das obige Beispiel bezieht sich auf die 2024er Versionen von InDesign und Illustrator. Weiterhin ist für die Konfiguration des CEP-Debuggings der Schlüssel engineName ausschlaggebend, welcher den Namen der mit dem Debugger zu inspizierenden ExtendScript-Engine angibt. Im InDesign-Fall entspricht der Wert dieses Schlüssels den Identifikator der jeweiligen CEP-Erweiterung innerhalb der Manifest-Datei manifest.xml (Id-Attribut des Extension-Elements) gefolgt von _Engine_Id. Im Falle von Illustrator ist – unabhängig vom Identifikator der jeweiligen CEP-Erweiterung – der Wert transient zuzuweisen während das Anknüpfen an die ExtendScript-Engine von Photoshop nicht möglich ist. Die in der

---

[6] https://marketplace.visualstudio.com/items?itemName=Adobe.extendscript-debug

Konfigurationsdatei definierten Optionen stehen anschließend im Dropdown-Menü in der
Ansicht *Ausführen und debuggen* (*Anzeigen→Ausführen*) zur Verfügung. Nach Auswahl
der gewünschten Option kann das Debugging mit *Ausführen→Debugging starten* gestartet
werden. Damit der Debugger an die ExtendScript-Engine von InDesign anknüpfen kann,
muss der Debugger vor der Initialisierung der jeweiligen CEP-Erweiterung gestartet
werden. Weiterhin kann an die ExtendScript-Engine von Illustrator nur dann angeknüpft
werden, wenn kein Dokument geöffnet und die jeweilige CEP-Erweiterung initialisiert
ist. Während sich in einer Debugging-Sitzung mehrere CEP-Erweiterungen in InDesign
gleichzeitig debuggen lassen, lässt sich im Illustrator-Fall lediglich eine CEP-Erweiterung
debuggen.

HTML-, CSS- und JS-Codeänderungen werden nach einem Neustart der jeweiligen
CEP-Erweiterung übernommen. Im Falle von JSX- bzw. ExtendScript-Codeänderungen
werden diese nur dann übernommen, wenn der veränderte ExtendScript-Programmcode
als eine externe JSX-Datei eingebunden und mithilfe der Funktion `$.evalFile()` aufgerufen wird. In dem beispielhaften Programmcode

```
csInterface.evalScript(`$.evalFile('${csInterface.getSystemPath(SystemPath.
    EXTENSION)}/jsx/helper.jsx');`);
```

auf der JS-Ebene wird mithilfe der `evalScript()`-Methode aus der `CSInterface`-
Bibliothek die Funktion `$.evalFile()` gemeinsam mit dem Dateipfad der einzubindenden
externen JSX-Datei `helper.jsx` aufgerufen. JSX-Codeänderungen werden nicht nach
einem Neustart der jeweiligen CEP-Erweiterung übernommen, wenn es sich bei
der veränderten JSX-Datei um die innerhalb der Manifest-Datei `manifest.xml` im
`ScriptPath`-Element definierten JSX-Datei handelt (z. B. `<ScriptPath>./jsx/main.jsx`
`</ScriptPath>`). Codeänderungen innerhalb der im `ScriptPath`-Element definierten JSX-
Dateien benötigen einen Neustart des Hosts. Gleiches gilt für die Manifest-Datei `manifest`
`.xml`: Änderungen in der Datei `manifest.xml` sind erst nach einem Host-Neustart wirksam.

Mit dem Schließen und erneuten Öffnen eines CEP-Panels oder -Modalfensters kann
ein Neustart der jeweiligen CEP-Erweiterung erzielt werden. Eine Ausnahme sind in
Illustrator geschlossene bzw. geöffnete CEP-Panels, die in Wirklichkeit lediglich aus- bzw.
eingeblendet werden. Um einen Panel-Neustart zu realisieren eignet sich der Einsatz eines
wie nachfolgend beispielhaft dargestellten HTML-Buttons, welches das mit der CEP-
Erweiterung korrespondierende HTML-Dokument aufruft und somit einen Panel-Neustart
nachbildet:

```
<input type="button" onclick="location.href='index.html';" value="Panel-
    Neustart" />
```

10.5   Node.js

Adobe CEP unterstützt die Implementierung der JS-Laufzeitumgebung Node.js in eine CEP-Erweiterung. Dies ermöglicht der Erweiterung u. a. die Kommunikation mit externen Systemen, den Zugriff auf das lokale Dateisystem sowie den Austausch von Daten mit einer Datenbank. Die Node.js-Unterstützung in einer CEP-Erweiterung setzt voraus, innerhalb der Manifest-Konfigurationsdatei `manifest.xml` der jeweiligen Erweiterung dem korrespondierenden `CEFCommandLine`-Element ein untergeordnetes Element `Parameter` mit dem Inhalt `--enable-nodejs` einzufügen (siehe Abschn. 10.2.2). Nach einer Node.js-Installation[7] lassen sich mithilfe des Paketmanagers npm[8] Node.js-Module anwendungs-, benutzer- sowie systembasiert installieren.

Für die anwendungsbasierte Installation von Node.js-Modulen kann im Stammordner der CEP-Erweiterung der Befehl

```
npm init
```

einmalig ausgeführt werden, um ein neues Projekt zu initialisieren und eine korrespondierende Datei `package.json` zu erstellen. Danach kann mit dem Befehl

```
npm install [Modulname] --save
```

ein Modul im Ordner `node_modules` ausgehend vom Stammorder der CEP-Erweiterung installiert werden. Das Modul lässt sich anschließend z. B. mit

```
const njsm = require('[Modulname]');
```

im Programmcode laden und nutzen. Um beispielsweise das Modul `fs-extra` zu installieren, kann der Befehl

```
npm install fs-extra --save
```

im Stammordner der CEP-Erweiterung ausgeführt werden und anschließend mit

```
const fse = require('fs-extra');
```

im Programmcode initialisiert werden.

---

[7] https://nodejs.org

[8] https://npmjs.com

Eine alternative Möglichkeit, Node.js-Module unter macOS bereitzustellen ist die benutzerbasierte Installationsmethode der Module. So wird gewährleistet, dass Dateien der CEP-Erweiterung und Node.js-Module getrennt bleiben und individuell aktualisiert werden können. Um ein Modul für den aktuellen Benutzer zu installieren kann der Befehl

```
npm install [Modulname]
```

ausgeführt werden. Mit diesem Befehl werden die Module im Pfad

```
/Users/[Benutzername]/node_modules
```

installiert. Wird dieses Modul anschließend z. B. mit

```
const njsm = require('[Modulname]');
```

im Programmcode geladen und das jeweilige Modul im node_modules-Ordner des jeweiligen Erweiterung-Stammordners nicht gefunden, so wird der obige Pfad nach dem jeweiligen Modul durchsucht. Die require()-Methode einer CEP-Erweiterung durchsucht demnach zunächst den node_modules-Ordner im Stammordner der Erweiterung und bei Nichtfinden des aufgerufenen Moduls anschließend den node_modules-Ordner im Benutzerordner des Betriebssystems.

Die dritte Möglichkeit zur Bereitstellung von Node.js-Modulen unter macOS ist die systembasierte Methode der Modulinstallation mit folgendem Befehl:

```
npm install [Modulname] -g
```

Wird der npm-Installationsbefehl mit dem Flag -g ausgeführt, wird als Installationspfad der Module nicht der node_modules-Ordner im Benutzerordner des Betriebssystems gewählt sondern folgender für alle Benutzer des Clients zugänglicher Systempfad:

```
/usr/local/lib/node_modules
```

Dieser Pfad wird von CEP nicht durchsucht, sofern das aufgerufene Modul nicht auf Anwendungs- und Benutzerebene gefunden wurde, sondern muss explizit im Programmcode z. B. wie folgt angegeben werden:

```
let njsPath = "/usr/local/lib/node_modules/";
const fse = require(`${njsPath}fs-extra`);
```

Unter Windows unterscheiden sich die Resultate der npm-Befehle mit denen der macOS-Umgebung. Der Befehl

```
npm install [Modulname]
```

installiert Node.js-Module nicht im `node_modules`-Ordner im Betriebssystem-Benutzer-ordner sondern im Pfad von welchem aus der Installationsbefehl ausgeführt worden ist. Erst wenn dem Installationsbefehl der Flag -g hinzugefügt wird, wird auf den Benutzerordner referenziert und die Module werden in

```
C:\Users\[Benutzername]\AppData\Roaming\npm\node_modules
```

installiert. Für die Realisierung eines oben beschriebenen systemweiten Konzepts unter Windows ist der Installationsbefehl

```
npm install [Modulname]
```

von einem für alle Benutzer des Clients zugänglichen Pfad auszuführen. Anschließend ist dieser Pfad im Programmcode der jeweiligen CEP-Erweiterung wie im obigen Beispiel dargestellt anzugeben.

10.6   User Interface (UI)

Die grafische Benutzeroberfläche bzw. das UI einer CEP-Erweiterung kann mithilfe CSS gestaltet werden. So können sowohl vollständig eigens gestaltete UI-Designs realisiert, als auch bereits bestehende CSS-Frameworks[9] eingebunden werden. Auch Adobe bietet ihr eigenes CSS-Framework ‚Spectrum CSS‘[10] basierend auf ihr hauseigenes Designsystem ‚Spectrum‘[11] an. Mit diesem Framework gelingt es, die Benutzeroberfläche eines CEP-Erweiterung die der Adobe-Anwendungen anzugleichen. Einzelne Komponenten des Spectrum CSS wie Buttons oder Textfelder stehen als einzelne npm-Pakete[12] zur Verfügung und können mithilfe des korrespondierenden Paketmanagers npm in den `node_modules`-Order der jeweiligen CEP-Erweiterung installiert werden. Mit

```
npm install @spectrum-css/button
```

können beispielsweise die Button-Komponenten des Adobe Spectrum installiert, anschließend im head-Element des HTML-Dokuments mit

```
<link rel="stylesheet" href="../node_modules/@spectrum-css/button/dist/
    index-vars.css">
```

eingebunden und schließlich im body-Element beispielsweise mit

---

[9] https://github.com/troxler/awesome-css-frameworks

[10] https://opensource.adobe.com/spectrum-css

[11] https://spectrum.adobe.com

[12] https://www.npmjs.com/search?q=%40spectrum-css

```
<button class="spectrum-Button spectrum-Button--secondary spectrum-Button--
    sizeS">
  <span class="spectrum-Button-label">Mein Button</span>
</button>
```

implementiert werden.

Es ist zu berücksichtigen, dass Adobe die Weiterentwicklung an CEP angehalten hat und somit die neuesten Versionen der Spectrum-CSS-Pakete eventuell nicht vollständig fehlerfrei funktionieren. In solchen Fällen kann z. B. mit

```
npm install @spectrum-css/button@4.1.2
```

auf eine ältere Version des jeweiligen npm-Pakets zurückgegriffen werden.

Spectrum CSS kommt im nachfolgenden Fallbeispiel in Abschn. 10.7 zum Einsatz.

10.7 Fallbeispiel: CEP-Middleware-Panel

Eine CEP-Erweiterung vom Typ Panel (s. Abb. 10.11) soll anhand einer Auftragsnummer relevante Projektdaten aus mehreren Datenquellen zusammenfassend anzeigen und auftragsbezogene Funktionen anbieten können. Dazu gehören das Ändern des Projektstatus in einem Anwendungssystem oder das Generieren von für dieses Projekt relevanten grafischen Assets. Die CEP-Erweiterung soll primär von Adobe InDesign, Photoshop sowie Illustrator 2024 auf dem Betriebssystem macOS unterstützt und von allen relevanten Mitarbeitern in einem Unternehmen eingesetzt werden.

Der Funktionsumfang dieser CEP-Erweiterung wird aus den Komponenten *a)* Laden und Strukturieren externer Daten aus *a1)* monday.com, einer Software für Projektmanagement, *a2)* AtroCore, einer Software für Digital-Asset-Management (DAM) und *a3–4)* zwei Structured-Query-Language(SQL)-Datenbanken (s. Tab. 10.1), *b)* Anzeigen der Projektdaten in dem Erweiterungs-UI, Öffnen von *c)* Uniform Resource Locator (URL)s und *d)* Dateipfaden, *e)* Setzen eines Projektstatus, sowie Generieren von *f)* XML-Inhalten und *g)* grafischen Assets mithilfe *g1)* InDesign, *g2)* Photoshop und *g3)* Illustrator zusammengesetzt. Die CEP-Erweiterung kann somit als Middleware zwischen einer Adobe-Erweiterung und den externen Systemen verstanden werden. Die korrespondierende Architektur ist in Abb. 10.12 dargestellt.

Nach Initialisierung der CEP-Erweiterung steht ein Textfeld und ein Button zur Verfügung, um die Suche nach einer Auftragsnummer zu starten. Nach Bestätigen des Buttons wird die in das Textfeld eingegebene Zahl gegen einen regulären Ausdruck hin validiert (`input.match("[0-9]{6}")`) und im Fall einer Gültigkeit mit der Variable `curSearch` ein neues `Project`-Objekt instanziiert:

```
curSearch = new Project();
```

Abb. 10.11 CEP-Fallbeispiel:
Middleware-Panel

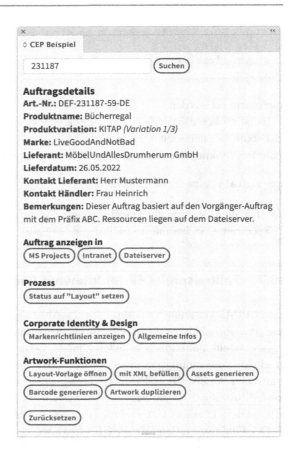

Tab. 10.1 Zu ladende Datenquellen des CEP-Fallbeispiels *Middleware-Panel*

Id	Datenquelle	Typ	Beschreibung
a1	monday.com	GraphQL API	Projektmanagement-Software
a2	AtroCore	API	DAM-Software
a3	Datenbank: Projekte	SQL-Datenbank	Unternehmensinterne Datenbank über allgemeine Projektinformationen
a4	Datenbank: Produkte	SQL-Datenbank	Unternehmensinterne Datenbank über Produktinformationen

Dieses Objekt soll alle abgerufenen Daten zusammenfassend für die Folgeprozesse des Programms bereithalten. Die Klasse `Project` enthält alle Eigenschaften, die für das Festhalten aller projektrelevanten Informationen und weiterführenden Funktionen der CEP-Erweiterung benötigt werden:

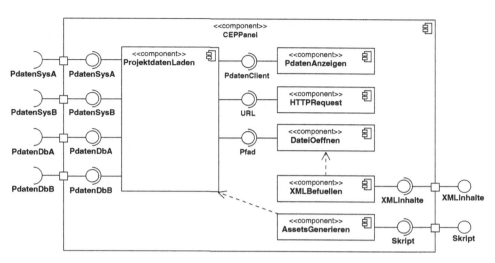

Abb. 10.12 Architektur des CEP-Fallbeispiels *Middleware-Panel*

```
class Project {
    jobno;
    artno;
    name;
    desc;
    image;
    variant;
    brand;
    suppl;
    delivery;
    conSupp;
    conMerch;
    comments;
    status;
    idPmsys;
}
```

Nach der obigen Instanziierung eines `Project`-Objekts wird die eingegebene Jobnummer der Eigenschaft `jobno` der Instanzvariable `curSearch` zugewiesen:

```
curSearch.jobno = input;
```

Anschließend wird eine Funktionskette durchlaufen, in der aus vier Systemen projektrelevante Daten abgerufen und strukturiert werden. Das erste System *a1* im Rahmen dieses Fallbeispiels ist monday.com.

Ein Blick auf das in diesem Fallbeispiel eingesetzt monday.com-Board *Projekte* (s. Abb. 10.13) beleuchtet, dass es mit den Datenfeldern *Datum, Status, Marke, Lieferant, Kontakt Lieferant, Kontakt Händler* und *Notizen* einige der projektrelevanten Informationen bereitstellt.

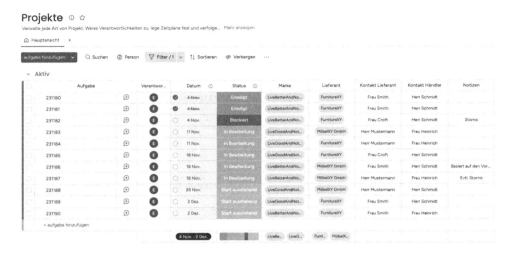

Abb. 10.13 monday.com-Board *Projekte* des CEP-Fallbeispiels *Middleware-Panel*

Für den elektronischen Zugriff auf diese Projektdaten stellt monday.com eine Schnittstelle bzw. API zur Verfügung, mit der per HTTP-Request Abfragen im GraphQL-Syntax
gestellt werden können. Dazu wird zunächst mit

```
const https = require("https");
```

das Node.js-Modul https geladen. Anschließend wird mit

```
const postData = JSON.stringify({query:
    `{
        boards (ids: ${board}) {
            items_page {
                items {
                    name
                    id
                    column_values {
                        text
                        column {
                            title
                            id
                        }
                    }
                }
            }
        }
    }`
});
```

die GraphQL-Abfrage bzw. -Query definiert, welches u. a. alle Datenfelder des monday.com-Boards *Projekte* in Abb. 10.13 liefern soll. Diese Abfrage wird mit

```
const req = https.request(options, (res) => {
    res.setEncoding("utf8");

    res.on("data", (chunk) => {
        resData += chunk;
    });

    res.on("end", () => {
        console.log("End of response.");
        resolve(resData);
    });
});
```

gemeinsam mit den Optionen

```
const options = {
    hostname: "api.monday.com",
    port: 443,
    path: "/v2",
    method: "POST",
    headers: {
        "Content-Type": "application/json",
        "Content-Length": Buffer.byteLength(postData),
        "Authorization": token
    },
};
```

an `https://api.monday.com/v2` versendet. Die Antwort wird wie im obigen Programmcode ersichtlich in die Variable `resData` geschrieben. Eine Repräsentation dieser Antwort ist in der Konsolenausgabe eines Entwicklertools in Abb. 10.14 dargestellt.

Die empfangene Antwort wird in einer Folgefunktion mit

```
let data = JSON.parse(input);
```

in ein JSON-Objekt umgewandelt bzw. geparst. Der Identifikator `id` der zur Suchanfrage korrespondierenden monday.com-Aufgabe wird für den späteren Gebrauch in der Eigenschaft `curSearch.idPmsys` gesichert:

```
curSearch.idPmsys = data.data.boards[0].items_page.items.filter(i => i.name
    == curSearch.jobno)[0].id;
```

Abb. 10.14 Konsolenausgabe
einer HTTP-Request-Antwort
von monday.com

```
▼ {data: {…}, account_id: 22040729}
    account_id: 22040729
  ▼ data:
    ▼ boards: Array(1)
      ▼ 0:
        ▼ items_page:
          ▼ items: Array(11)
            ▶ 0: {name: "231180", column_values: Array(8)}
            ▶ 1: {name: "231181", column_values: Array(8)}
            ▶ 2: {name: "231182", column_values: Array(8)}
            ▶ 3: {name: "231183", column_values: Array(8)}
            ▶ 4: {name: "231184", column_values: Array(8)}
            ▶ 5: {name: "231185", column_values: Array(8)}
            ▶ 6: {name: "231186", column_values: Array(8)}
            ▼ 7:
              ▼ column_values: Array(8)
                ▶ 0: {text: "EG", column: {…}}
                ▶ 1: {text: "2024-11-18", column: {…}}
                ▶ 2: {text: "In Bearbeitung", column: {…}}
                ▶ 3: {text: "LiveBetterAndNotGood", column: {…}}
                ▶ 4: {text: "MöbelXY GmbH", column: {…}}
                ▶ 5: {text: "Herr Mustermann", column: {…}}
                ▶ 6: {text: "Frau Heinrich", column: {…}}
                ▶ 7: {text: "Evtl. Storno", column: {…}}
                  length: 8
                ▶ __proto__: Array(0)
                  name: "231187"
                ▶ __proto__: Object
            ▶ 8: {name: "231188", column_values: Array(8)}
            ▶ 9: {name: "231189", column_values: Array(8)}
            ▶ 10: {name: "231190", column_values: Array(8)}
              length: 11
            ▶ __proto__: Array(0)
          ▶ __proto__: Object
        ▶ __proto__: Object
        length: 1
      ▶ __proto__: Array(0)
    ▶ __proto__: Object
  ▶ __proto__: Object
```

Anschließend werden die Daten mit

```
data = data.data.boards[0].items_page.items.filter(i => i.name == curSearch
    .jobno)[0].column_values;
```

nach der gesuchten Auftragsnummer – welche zuvor in die Eigenschaft curSearch.jobno
gesichert wurde – gefiltert. Die Eigenschaften brand, suppl, delivery, conSupp, conMerch,
comments und status der Instanzvariable curSearch werden mit den relevanten Daten der
obigen HTTP-Request-Antwort befüllt:

```
curSearch.brand = data.filter(i => i.column.title == "Marke")[0].text;
curSearch.suppl = data.filter(i => i.column.title == "Lieferant")[0].text;
curSearch.delivery = data.filter(i => i.column.title == "Datum")[0].text;
curSearch.conSupp = data.filter(i => i.column.title == "Kontakt Lieferant")
    [0].text;
curSearch.conMerch = data.filter(i => i.column.title == "Kontakt Händler")
    [0].text;
```

```
curSearch.comments = data.filter(i => i.column.title == "Notizen")[0].text;
curSearch.status = data.filter(i => i.column.title == "Status")[0].text;
curSearch.idPmsys = data.filter(i => i.column.title == "Id")[0].text;
```

Mit diesen Schritten ist der Prozess *a1* des Ladens und Strukturierens der Daten aus dem System monday.com abgeschlossen. Im nächsten Prozess *a2* sollen weitere projektbezogene Daten aus dem System AtroCore geladen und weiterverarbeitet werden. In diesem konkreten Fall soll das zu der gesuchten Auftragsnummer zugehörige Produktfoto geladen und für die weiteren Prozessschritte der CEP-Erweiterung bereitgestellt werden. Für diesen Prozess kommt die identische Funktion zum Einsatz wie im obigen Beispiel. Es unterscheiden sich lediglich die Optionen des https-Moduls:

```
const options = {
    hostname: "atrocore.gndgn.dev",
    port: 443,
    path: "/api/v1/File?select=name&where=" + encodeURIComponent(JSON
        .stringify([{"type": "or", "value": [{"type": "like", "attribute":
        "name", "value": `%${curSearch.jobno}%`}]}])),
    method: "GET",
    headers: {
        "Content-Type": "application/json",
        "Content-Length": Buffer.byteLength(config.postData),
        "Authorization-Token": token
    },
};
```

Für dieses Fallbeispiel ist der Parameterwert largeThumbnailUrl – die URL, die zur Ansicht-Grafik der jeweiligen Projektabbildung führt – relevant. Dieser Wert wird nach Abruf in die Eigenschaft curSearch.image geschrieben:

```
curSearch.image = data.list[0].largeThumbnailUrl;
```

Nach diesen beiden Prozessschritten ist der Großteil des curSearch-Objekts wie in Abb. 10.15 dargestellt mit projektrelevanten Daten gefüllt:

Diejenigen Eigenschaften in der Konsolenausgabe in Abb. 10.15, die zum jetzigen Stand den Wert undefined aufweisen, werden in den nächsten beiden Prozessschritten *a3* und *a4* aus zwei weiteren Datenquellen befüllt. Bei diesen Quellen handelt es sich um zwei SQL-Datenbanken. Zum Auslesen einer Datenbank kann das Node.js-Modul mysql[13] eingesetzt werden. Die obige Funktionskette wird fortgesetzt, in dem eine Verbindung mit den jeweiligen Datenbanken aufgebaut wird. Nach dem Laden des mysql-Moduls mit

```
const mysql = require("mysql");
```

---

[13] https://www.npmjs.com/package/mysql

```
>  curSearch
<·   Project {jobno: "231187", artno: undefined, name: undefined, des
     ▼ c: undefined, image: "/upload/files/r48xu/5u6mg/b2s6y/4d9ji/t9uf
     7/201us/231187-1.jpeg", …} 🞜
       artno: undefined
       brand: "LiveBetterAndNotGood"
       comments: "Evtl. Storno"
       conMerch: "Frau Heinrich"
       conSupp: "Herr Test"
       delivery: "2024-11-18"
       desc: undefined
       idPmsys: "1435391547"
       image: "/upload/files/r48xu/5u6mg/b2s6y/4d9ji/t9uf7/201us/231…
       jobno: "231187"
       name: undefined
       status: "In Bearbeitung"
       suppl: "MöbelXY GmbH"
       variant: undefined
     ▶ __proto__: Object
```

Abb. 10.15 Konsolenausgabe des `curSearch`-Objekts nach Abruf projektbezogener Daten aus zwei Systemen

werden mithilfe den beiden Variablen `dbConCompany` und `dbConProjects` zwei Objekte erstellt, die jeweils eine Verbindungsinstanz zu einer der beiden Datenbanken darstellt:

```
dbConCompany = mysql.createPool({
  host: "gndgn.dev",
  user: "rpaidtpUser",
  password: dbPassCompany,
  database: "rpaidtp_cs_companyDb"
});

dbConProjects = mysql.createPool({
  host: "gndgn.dev",
  user: "rpaidtpUser",
  password: dbPassProjects,
  database: "rpaidtp_cs_productsDb"
});
```

Der Verbindungsaufbau erfolgt nachträglich mit dem Aufruf der connect-Methode der beiden obigen Objekte `dbConCompany` und `dbConProjects`. Weiterhin bieten diese Objekte eine Methode query an, mit der eine Datenbankabfrage ermöglicht wird. Die relevanten Projektdaten, die in den Eigenschaften `artno`, `name` und `variant` des Objekts `curSearch` eingetragen werden sollen, liegen in der Datenbank *a3* `rpaidtp_cs_companyDb` vor. Die relevanten Datenbankinhalte werden anhand der zuvor eingegebenen Auftragsnummer und mithilfe folgender SQL-Abfrage bzw. -Query abgerufen:

```
let q = `SELECT artno, prodname, prodvar FROM projects WHERE jobno=
    ${curSearch.jobno}`;
```

Mit

```
dbConCompany.query(q, function (err, result) {
    if (err) throw err;
    resolve(result);
});
```

findet letztendlich die Datenbankabfrage statt. Die aus dieser Abfrage resultierenden Daten fließen in die korrespondierenden Eigenschaften des curSearch-Objekts ein:

```
curSearch.artno = input[0].artno;
curSearch.name = input[0].prodname;
curSearch.variant = input[0].prodvar;
```

Der für die Eigenschaft desc des curSearch-Objekts relevante Inhalt liegt in einer weiteren Datenbank *a4* rpaidtp_cs_productsDb und ist die letzte Information, die abgerufen werden muss. Da in dieser zweiten Datenbank keine Auftragsnummern (jobno) hinterlegt sind sondern lediglich Artikelnummern (artno) kann eine Datenverknüpfung aus diesen beiden Datenbanken lediglich anhand der Datenbankspalte artno erfolgen. So wird die aus der vorherigen Abfrage erhaltene Artikelnummer in die zweite Abfrage wie folgt implementiert:

```
let q = `SELECT descr FROM products WHERE artno='${curSearch.artno}'`;
```

Ähnlich wie in der ersten Datenbankabfrage wird mit

```
dbConProjects.query(q, function (err, result) {
    if (err) throw err;
    resolve(result);
});
```

eine Antwort erhalten, die mit

```
curSearch.desc = input[0].descr;
```

behandelt wird. Mit diesem letzten vierten Teilprozessschritt ist der gesamte Prozess *a* des Ladens und Strukturierens der externen Daten vollständig abgeschlossen. Das Objekt curSearch ist nun wie in Abb. 10.16 dargestellt vollständig und kann für die weiterführenden Prozesse genutzt werden.

Im nächsten Prozessschritt *b* sollen die im vorherigen Schritt abgerufenen Daten in der Benutzeroberfläche angezeigt und in den relevanten Stellen im Programmcode verwendet werden. Mit

```
> curSearch
<  Project {jobno: "231187", artno: "DEF-231187-59-DE", name: "Büch
   erregal", desc: "In hendrerit placerat arcu quis lacinia.", imag
 ▼ e: "/upload/files/r48xu/5u6mg/b2s6y/4d9ji/t9uf7/201us/231187-1.j
   peg", …} ℹ
     artno: "DEF-231187-59-DE"
     brand: "LiveBetterAndNotGood"
     comments: "Evtl. Storno"
     conMerch: "Frau Heinrich"
     conSupp: "Herr Test"
     delivery: "2024-11-18"
     desc: "In hendrerit placerat arcu quis lacinia."
     idPmsys: "1435391547"
     image: "/upload/files/r48xu/5u6mg/b2s6y/4d9ji/t9uf7/201us/231…"
     jobno: "231187"
     name: "Bücherregal"
     status: "In Bearbeitung"
     suppl: "MöbelXY GmbH"
     variant: "Alpha"
   ▶ __proto__: Object
```

Abb. 10.16 Konsolenausgabe des vollständigen curSearch-Objekts

```
document.getElementById("projData_artno").innerHTML = curSearch.artno;
document.getElementById("projData_name").innerHTML = curSearch.name;
document.getElementById("projData_variant").innerHTML = curSearch.variant;
document.getElementById("projData_brand").innerHTML = curSearch.brand;
document.getElementById("projData_suppl").innerHTML = curSearch.suppl;
document.getElementById("projData_delivery").innerHTML = curSearch.
    delivery;
document.getElementById("projData_conSupp").innerHTML = curSearch.conSupp;
document.getElementById("projData_conMerch").innerHTML = curSearch.
    conMerch;
document.getElementById("projData_status").innerHTML = curSearch.status;
document.getElementById("projData_comments").innerHTML = curSearch.
    comments;
```

werden die einzelnen span-Elemente in dem UI mit den jeweils relevanten Daten aus dem curSearch-Objekt befüllt. Weiterhin wird mit

```
document.getElementById("projImg").style.backgroundImage =
    `url('${curSearch.image}')`;
```

die zum dem Auftrag korrespondierende Ansicht-Grafik in dem UI angezeigt. Mit diesem Schritt ist die folgende Funktionskette, die für *a)* das Laden und Strukturieren sowie *b)* das Anzeigen der Projektdaten zuständig ist, vollständig durchlaufen:

```
// a) Laden und Strukturieren der Projektdaten
loadProjData(s1Config) // Datenabruf aus a1) monday.com
.then((res) => {
```

```
   structureData(res, "s1"); // Datenstrukturierung a1) monday.com
})
.then(() => {
   return loadProjData(s2Config); // Datenabruf aus a2) AtroCore
})
.then((res) => {
   structureData(res, "s2"); // Datenstrukturierung a2) AtroCore
})
.then(() => {
   dbInit(); // DB-Verbindungen a3) & a4) herstellen
})
.then(() => {
   return loadDbDataComp(); // Datenabruf aus a3) rpaidtp_cs_companyDb
})
.then((res) => {
   structureData(res); // Datenstrukturierung a3) rpaidtp_cs_companyDb
})
.then(() => {
   return loadDbDataProj(); // Datenabruf aus a4) rpaidtp_cs_productsDb
})
.then((res) => {
   structureData(res); // Datenstrukturierung a4) rpaidtp_cs_productsDb
})
.then(() => {
   displayData(); // a) Anzeigen der Daten in dem UI
})
.catch((err) => {
   console.error(err);
});
```

Die CEP-Erweiterung befindet sich nun im Leerlauf und kann weiterführende Funktionen mithilfe den jeweiligen Buttons annehmen. Eines dieser Funktionen ist *c)* das Öffnen von URLs. So kann beispielsweise mit einem Button *Projekt anzeigen im PM-System* die mit dem Projekt korrespondierende PM-System-Aufgabe im Browser angezeigt werden. Ein URL-Aufruf in einer CEP-Erweiterung erfolgt mit der Methode openURLInDefaultBrowser() der CSInterface-Bibliothek:

```
csInterface.openURLInDefaultBrowser(`https://rpaidtp.monday.com/boards
   /1433585490/pulses/${curSearch.idPmsys}`);
```

Das obige Beispiel öffnet die URL, die direkt zu der mit der jeweiligen Suchanfrage korrespondierenden Aufgabe führt, im Browser. Der Identifikator curSearch.idPmsys der relevanten Aufgabe wurde zuvor mit der Funktion loadProjData(s1config) dieses Fallbeispiels ermittelt.

Nach diesem Prinzip können auch *d)* Dateipfade zusammengesetzt und geöffnet werden. Werden Projektdateien nach einer vordefinierten Ordnerstruktur abgelegt, können die aus den Systemen geladenen Projektdaten dazu genutzt, um einen Pfad zusammenzusetzen und für den Aufruf zu nutzen. So kann die beispielhafte Ordnerstruktur-Konvention

```
/[Serveradresse]/[Lieferant]/[Marke]/[Art.-Nr.]_[Produktname]_
    [Produktvariation]
```

im Rahmen dieses Fallbeispiels mit

```
let p = `/[Serveradresse]/${curSearch.suppl}/${curSearch.brand}/${curSearch
    .artno}_${curSearch.name}_${curSearch.variant}`;
```

erfüllt und folgender beispielhafter Pfad erstellt werden:

```
/[Serveradresse]/MöbelXY GmbH/LiveBetterAndNotGood/DEF-231187-59-DE_
    Bücherregal_Alpha
```

Dateipfade können beispielsweise mithilfe des Node.js-Moduls `child_process`[14] im Standard-Dateimanager des Betriebssystems geöffnet werden:

```
require("child_process").exec(`open ${p}`);
```

Die CEP-Erweiterung kann weiterhin als Middleware dienen, um *e)* einen Statuswechsel einer jeweiligen Aufgabe im PM-System zu ermöglichen. Die im Teilprozessschritt *a1* genutzte Funktion für den Abruf projektrelevanter Daten kann ebenfalls dazu genutzt werden um den Status des jeweiligen Projekts bzw. der jeweiligen Aufgabe zu wechseln. Im Rahmen dieses Fallbeispiels kann dies mit folgender Query erzielt werden:

```
const postData = JSON.stringify({query: `mutation {
    change_column_value(
    item_id: ${curSearch.idPmsys},
    board_id: 1433585490,
    column_id: "project_status",
    value: "{\\\"label\\\": \\\"${stat}\\\"}"
    ) {
       id
    }
}`});
```

Im obigen Beispiel wird der Identifikator `curSearch.idPmsys` der zur Suchanfrage korrespondierenden Aufgabe im PM-System genutzt, um einen Status `stat` (z. B. "Start ausstehend", "In Bearbeitung" und "Erledigt") zu setzen. Eine derartige Funktion ermöglicht das Steuern externer Systeme von einer Middleware ausgehend und der Wechsel zwischen Anwendungen wird redundant.

---

[14] https://nodejs.org/api/child_process.html

Die zusammengeführten Projektdaten können für die Erstellung strukturierter Daten genutzt werden. Im Rahmen dieses Fallbeispiels sollen die der Suchanfragen korrespondierenden Projektdaten in Form einer *f)* XML-Datei exportiert werden können. Dazu kann das Node.js-Modul xmlbuilder2[15] genutzt werden. Die XML-Struktur kann mithilfe der Eigenschaften des curSearch-Objekts wie folgt aufgebaut werden:

```
const { create } = require("xmlbuilder2");

const root = create({ version: "1.0" })
.ele("Root")
.ele("product")
.ele("details")
.ele("jobno").txt(curSearch.jobno).up()
.ele("artno").txt(curSearch.artno).up()
.ele("name").txt(curSearch.name).up()
.ele("brand").txt(curSearch.brand).up()
.ele("suppl").txt(curSearch.suppl).up()
.ele("conMerch").txt(curSearch.conMerch).up()
.ele("conSupp").txt(curSearch.conSupp).up()
.ele("delivery").txt(curSearch.delivery).up()
.ele("desc").txt(curSearch.desc).up()
.ele("comments").txt(curSearch.comments).up()
.ele("status").txt(curSearch.status).up()
.ele("idPmsys").txt(curSearch.idPmsys).up()
.ele("image").txt(curSearch.image).up();

const xml = root.end({ prettyPrint: true });

let p = require("os").homedir() + `/Desktop/${curSearch.artno}.xml`;

require("fs").writeFile(p, xml, { flag: "w" }, function (err) {
    if (err) throw err;
    alert(`XML-Datei exportiert in: ${p}`)
});
```

Eine beispielhaftes Ergebnis des XML-Exports ist wie folgt:

```
<?xml version="1.0"?>
<Root>
    <product>
        <details>
            <jobno>231187</jobno>
            <artno>DEF-231187-59-DE</artno>
            <name>Bücherregal</name>
            <brand>LiveBetterAndNotGood</brand>
            <suppl>MöbelXY GmbH</suppl>
```

---

[15] https://www.npmjs.com/package/xmlbuilder2

```xml
            <conMerch>Frau Heinrich</conMerch>
            <conSupp>Herr Test</conSupp>
            <delivery>2024-11-18</delivery>
            <desc>In hendrerit placerat arcu quis lacinia.</desc>
            <comments>Evtl. Storno</comments>
            <status>In Bearbeitung</status>
            <idPmsys>1435391547</idPmsys>
            <image>/upload/files/r48xu/5u6mg/b2s6y/4d9ji/t9uf7/0u5xk/231187.
                png</image>
        </details>
    </product>
</Root>
```

Die letzte angebotene Funktion der CEP-Erweiterung dieses Fallbeispiels ist *g)* das Generieren grafischer Assets auf Grundlage projektrelevanter Daten. Hierzu soll in *g1)* InDesign ein Produktdatenblatt als PDF-Datei, in *g2)* Photoshop das zuvor exportierte Produktdatenblatt in diversen Bildgrößen und in *g3)* Illustrator ein Schriftzug aus dem zuvor exportierten Produktdatenblatt als Vektorgrafik generiert werden. Diese Funktionen können von allen drei Anwendungen aus aufgerufen werden und werden auf dem jeweiligen Host ausgeführt. Um dies zu ermöglichen werden zunächst mit

```
let vmIdsn = new VulcanMessage(VulcanMessage.TYPE_PREFIX + "csMware",
    "IDSN", "19.3");
let vmPhxs = new VulcanMessage(VulcanMessage.TYPE_PREFIX + "csMware",
    "PHXS", "25.5.1");
let vmIlst = new VulcanMessage(VulcanMessage.TYPE_PREFIX + "csMware",
    "ILST", "28.3.0");
```

drei `VulcanMessage`-Objekte instanziiert, die jeweils einen Empfänger-Host definieren. In diesem Zusammenhang überwacht mit

```
VulcanInterface.addMessageListener(VulcanMessage.TYPE_PREFIX + "csMware",
    vmCallback);
```

ein Event Handler den Eintritt einer VulcanMessage und ruft bei Eintritt eine Funktion vmCallback() auf. Die empfangene Nachricht wird durch diese Funktion ausgelesen und ausgeführt:

```
let m = VulcanInterface.getPayload(message);
eval(m);
```

Zur *g1)* Generierung eines PDF-Datenblatts wird nach Betätigen des Buttons *PDF-Datenblatt generieren* die an InDesign zu versendende Nachricht mit

```
vmIdsn.setPayload(`csInterface.evalScript('generatePdfSheet(${JSON.
    stringify(curSearch)});');`);
```

definiert. In diesem Fall soll die Funktion `generatePdfSheet()` auf der JSX-Ebene ausgeführt und das `curSearch`-Objekt an diese Funktion übergeben werden. Mit

```
VulcanInterface.dispatchMessage(vmIdsn);
```

wird die Nachricht an InDesign versandt, vom oben beschriebenen Event Handler empfangen und die Funktion `generatePdfSheet()` ausgeführt. Diese Funktion erstellt mit

```
var doc = app.documents.add({
    documentPreferences: {
        intent: DocumentIntentOptions.WEB_INTENT,
        pageWidth: "148mm",
        pageHeight: "105mm",
        orientation: PageOrientation.LANDSCAPE
    }
});
```

ein neues RGB-Dokument in den DIN-A6-Abmessungen und im Querformat. Mit

```
var rect = doc.pages[0].textFrames.add({
    geometricBounds: ["10mm", "10mm", "70mm", "70mm"]
});
```

```
var img = rect.place(File(input.imgPath));
rect.fit(FitOptions.PROPORTIONALLY);
```

wird ein Rahmen erstellt sowie mit der zuvor lokal gesicherten und mit dem Dateipfad `curSearch.imgPath` bzw. `input.imgPath` erreichbaren Ansicht-Grafik proportional gefüllt. Mit

```
var tfMain = doc.pages[0].textFrames.add({
    geometricBounds: ["70mm", "10mm", "94mm", "90mm"],
    contents: input.name + "\n" + input.variant
});
tfMain.lines[0].appliedFont = app.fonts.itemByName("Myriad Pro\tRegular");
tfMain.lines[0].pointSize = 30;

tfMain.lines[1].appliedFont = app.fonts.itemByName("Myriad Pro\tItalic");
tfMain.lines[1].pointSize = 20;
tfMain.lines[1].leading = 18;
```

wird auf der linken Hälfte des Datenblatts ein neuer Textrahmen `tfMain` mit den Textinhalten Produktname (`input.name`) und Produktvariation (`input.variant`) getrennt durch einen Zeilenumbruch (\n) generiert. Beiden Inhalte bzw. Zeilen (`lines[n]`) werden jeweils eine bestimmte Schriftart (*Myriad Pro Regular*) und (*Myriad Pro Italic*) und -größe (30pt und 20pt) zugewiesen. Zusätzlich erhält die zweite Zeile einen Zeilenabstand von 18pt.

Auf der rechten Hälfte des Datenblatts wird mit

```
var tfSub = doc.pages[0].textFrames.add({
    geometricBounds: ["30mm", "80mm", "94mm", "136mm"],
    contents: "Art.-Nr.: " + input.artno + "\nMarke: " + input.brand + "\n
        \nBeschreibung: " + input.desc
});

tfSub.texts[0].appliedFont = app.fonts.itemByName("Myriad Pro\tRegular");
tfSub.texts[0].pointSize = 12;
```

ein zweiter Textrahmen tfSub mit den Inhalten Artikelnummer (input.artno), Marke
(input.brand) und Produktbeschreibung (input.desc) generiert. Der gesamte Textinhalt
des Rahmens (texts[0]) erhält eine Schriftart (*Myriad Pro Regular*) sowie -größe (12pt).
Mit

```
tfMain.textFramePreferences.properties = tfSub.textFramePreferences.
    properties = {
    verticalJustification: VerticalJustification.BOTTOM_ALIGN,
    autoSizingReferencePoint: AutoSizingReferenceEnum.BOTTOM_LEFT_POINT,
    autoSizingType: AutoSizingTypeEnum.HEIGHT_ONLY
};
```

werden die Textinhalte beider Textrahmen tfMain und tfSub vertikal ausgerichtet
(VerticalJustification.BOTTOM_ALIGN), die Referenzpunkte der Textrahmen auf links
unten gesetzt (AutoSizingReferenceEnum.BOTTOM_LEFT_POINT) und die Höhen der
Textrahmen automatisch angepasst (AutoSizingTypeEnum.HEIGHT_ONLY). Mit

```
var path = "~/Desktop/" + input.artno + "_" + input.name + "_" + input.
    variant + ".pdf";

doc.exportFile(ExportFormat.PDF_TYPE, new File(path));
doc.close(SaveOptions.NO);
```

wird das PDF-Datenblatt mit einem Dateinamen nach dem Muster [Artikelnummer]_
[Produktname]_[Produktvariation].pdf auf dem macOS-Schreibtisch des jeweiligen
Benutzers exportiert und das InDesign-Dokument wird ohne eine Sicherung geschlossen.
   Zum Funktionsumfang der Generierung grafischer Assets gehört weiterhin der *g2)*
Export des zuvor erstellten Datenblatts in diversen Bildgrößen in Photoshop. Diese
Funktion wird durch ein Button *Web-Ansichten generieren* angestoßen. Anschließend wird
mit

```
vmPhxs.setPayload(`csInterface.evalScript('generateWebImages(${JSON.
    stringify(curSearch)})');`);
VulcanInterface.dispatchMessage(vmPhxs);
```

eine VulcanMessage verfasst und an Photoshop versendet. Es soll die Funktion generateWebImages() auf der JSX-Ebene ausgeführt und das curSearch-Objekt an diese Funktion übergeben werden. Diese Funktion öffnet anhand des übertragenen curSearch-Objekts die zur Suchanfrage korrespondierende, zuvor generierte PDF-Datei mit aktiviertem Antialiasing, im RGB-Farbmodus, in der Auflösung 1200 dpi und im Endformatrahmen zugeschnitten.

```
var pdfOpts = new PDFOpenOptions();
pdfOpts.antiAlias = true;
pdfOpts.mode = OpenDocumentMode.RGB;
pdfOpts.resolution = 1200;
pdfOpts.cropPage = CropToType.TRIMBOX;

var pdf = new File("~/Desktop/" + input.artno + "_" + input.name + "_" +
    input.variant + ".pdf");

app.open(pdf, pdfOpts);
```

Als nächstes wird mit

```
var saveOpts = new ExportOptionsSaveForWeb();
saveOpts.format = SaveDocumentType.JPEG;
saveOpts.quality = 80;

var doc = app.activeDocument;

var docWs = [1600, 1200, 900, 600];

for(var i=0; i<docWs.length; i++) {
    var newH = Math.round(doc.height = doc.height / doc.width * docWs[i]);

    doc.resizeImage(docWs[i] + "px", newH + "px");

    var output = new File("~/Desktop/" + input.artno + "_" + input.name +
        "_" + input.variant + "_" + docWs[i] + "x" + newH + ".jpg");

    app.activeDocument.exportDocument(output, ExportType.SAVEFORWEB,
        saveOpts);
}
```

eine for-Schleife durchlaufen, in der das geöffnete Dokument in den gewünschten Formaten verkleinert wird (doc.resizeImage()) und schließlich als Joint-Photographic-Experts-Group(JPEG)-Datei in einer Qualitätsstufe 80 auf dem Schreibtisch und mit einem Dateinamen nach dem Muster [Artikelnummer]_[Produktname]_[Produktvariation] _[Bildbreite]x[Bildhöhe].jpg gesichert wird. Die Anzahl der Schleifendurchgänge entspricht die Länge des Arrays docWs. Dieses Array gibt die neuen Breiten der zu exportierenden Grafiken in absteigender Reihenfolge an. Abschließend klingt die Funktion mit dem Schließen des Dokuments ohne einer Sicherung aus:

```
doc.close(SaveOptions.DONOTSAVECHANGES);
```

Die letzte der drei Teilfunktionen der Asset-Generierung ist *g3* das Exportieren eines Schriftzugs aus dem zuvor generierten PDF-Datenblatt als PNG-Datei. Ähnlich wie die vorherigen beiden Funktionen löst ein Button *Schriftzug generieren* eine Funktion aus, die Illustrator per VulcanMessage auffordert, die Funktion generateBadge() auf der JSX-Ebene auszuführen:

```
vmIlst.setPayload(`csInterface.evalScript('generateBadge(${JSON.stringify
    (curSearch)});');`);
VulcanInterface.dispatchMessage(vmIlst);
```

Diese Funktion öffnet zunächst mit

```
var pdf = new File("~/Desktop/" + input.artno + "_" + input.name + "_" +
    input.variant + ".pdf");
app.open(pdf);
```

das mit der Suchanfrage korrespondierende PDF-Datenblatt. Anschließend werden mithilfe einer for-Schleife zwei Textrahmen ausgewählt, die jeweils den Produktnamen sowie die Produktvariation enthalten:

```
var doc = app.activeDocument;
var tfs = app.activeDocument.textFrames;

for(var i=0; i<tfs.length; i++) {
    if( (tfs[i].contents == input.name) || (tfs[i].contents == input.variant
        ) ){
        tfs[i].selected = true;
    }
}
```

Die Selektion wird anschließend als PNG-Datei mit Antialiasing und Transparenzen sowie in hochskalierter Form auf dem macOS-Schreibtisch des jeweiligen Benutzers exportiert:

```
var output = new File("~/Desktop/" + input.artno + "_" + input.name + "_" +
    input.variant + ".png");

var exOpts = new ExportOptionsPNG24();
exOpts.antiAliasing = exOpts.transparency = true;
exOpts.horizontalScale = exOpts.verticalScale = 300;

doc.exportSelectionAsPNG(output, exOpts);
```

Abschließend wird mit

```
doc.close(SaveOptions.DONOTSAVECHANGES);
```

das Dokument geschlossen, ohne eine Sicherung davon zu erstellen.

Ergänzende und vertiefende Literatur

- Adobe (2024) Adobe CEP. https://github.com/Adobe-CEP
- Barranca D (2017) Adobe Photoshop HTML Panels Development. Leanpub

Unified Extensibility Platform (UXP)

11

Zusammenfassung

UXP ist eine 2018 eingeführte Technologie von Adobe, mit der CC-Anwendungen basierend auf JS, HTML und CSS erweitert werden können. Seither wird diese Technologie kontinuierlich weiterentwickelt. UXP kann als ein moderner Ersatz für CEP gesehen werden. Ein wesentlicher Unterschied gegenüber CEP ist die effiziente Möglichkeit der direkten Interaktion mit einer Adobe-Anwendung mithilfe jeweiliger Anwendungs-APIs, während mit CEP eine zusätzliche Ebene zur Übertragung eines Befehls auf den Host notwendig ist. Weiterhin werden mit HTML und CSS erstellte UI-Elemente in native UI-Elemente des jeweiligen Hosts konvertiert, was zu weiteren Performance-Vorteilen führt.

11.1 Einführung

Eine im Jahr 2018 eingeführte Technologie von Adobe, genannt UXP, bietet die Möglichkeit, CC-Anwendungen – ähnlich wie bei CEP – basierend auf JS zu erweitern. Auch die UI kann mithilfe HTML und CSS realisiert werden. Verglichen mit CEP wird zum jetzigen Moment eine beschränkte Anzahl an Funktionen unterstützt. Demnach sind aktuell nicht alle Möglichkeiten, die mit CEP ermöglicht werden, mit UXP realisierbar. Die UXP wird seit ihrer Einführung in der Anwendung Adobe XD, ein Programm zur Gestaltung von UX- und UI-Designs, unterstützt und kontinuierlich weiterentwickelt. Mit Photoshop 2021 und InDesign 2023 sind zwei weitere Adobe-Anwendungen in das UXP-Portfolio eingezogen. Mit dem entsprechenden UDT können UXP-Plug-ins u. a. erstellt, importiert, verwaltet und debuggt werden. Im Rahmen der UXP-Technologie wird zwischen Plug-ins und Skripte (s. Abschn. 7.1) unterschieden. Während UXP-Plug-ins als moderner Ersatz

E. Gündoğan, *Robotic Process Automation (RPA) im Desktop-Publishing*, https://doi.org/10.1007/978-3-658-46622-0_11

für CEP-Erweiterungen gesehen werden können, ersetzen UXP-Skripte zukünftig das zwischenzeitlich veraltete ExtendScript.

Wie in Abschn. 10.3.1 erwähnt, erfolgt im Rahmen der CEP-Technologie die Kommunikation zwischen einer Erweiterung und Host mithilfe der Methode evalScript() aus der CSInterface-Bibliothek, mit der das zu auszuführende Skript als String dem Host übertragen wird. Diese der Performance zur Last fallende Methode der Kommunikation zwischen Erweiterung und Host entfällt bei der UXP-Technologie. UXP ermöglicht mithilfe jeweiliger APIs die direkte Interaktion mit einer Adobe-Anwendung, um somit Code effizienter durchführen zu können. Das heißt, die JS-Engine kann mithilfe der Host-APIs direkt mit der Host-Anwendung kommunizieren (s. Abb. 11.1). Sie ist demnach sowohl für die Plug-in- bzw. Skript-Funktionalität als auch für die Host-APIs zuständig. Somit unterstützt UXP im Gegensatz zu ExtendScript – welches auf das 1999 eingeführte ES3 basiert – aktuelle JS-Funktionen. Dies bedeutet gleichzeitig, dass ExtendScript in UXP nicht immer verwendet werden kann, sondern das neu entwickelte DOM der jeweiligen Anwendung mithilfe der entsprechenden API angesprochen werden muss, um mit einer Host-Anwendung zu kommunizieren. Das Skript-Beispiel in Abschn. 7.1 zeigt auf, dass in kleinen Anwendungsfällen das Einbinden der Host-API (z. B. per require ("indesign")) ausreichen kann, um ein Skript in der Sprache ExtendScript in einer

Abb. 11.1 UXP-Architektur

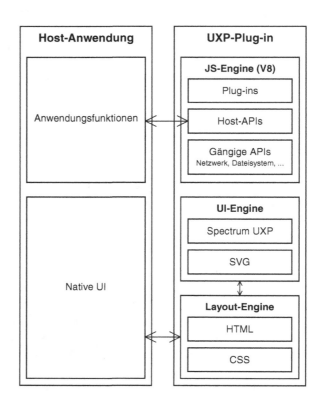

UXP-Umgebung lauffähig zu machen. UXP basiert auf die von Google entwickelte JS-Engine V8. Diese Engine wird zum jetzigen Zeitpunkt in der Version 9.4.146.24 in UXP eingesetzt.

In Zukunft wird UXP neben Adobe XD, Photoshop und InDesign nach und nach in weiteren Adobe-Anwendungen verfügbar sein, bis diese Technologie CEP vollständig ablöst. Jede Anwendung durchläuft voneinander unabhängig eine eigenständige Umstellungsphase, die ein bis zwei Jahre andauern soll. Wird beispielsweise UXP in Illustrator implementiert, kann man davon ausgehen, dass in ein bis zwei Jahren die CEP-Unterstützung in Illustrator beendet sein wird. Wann welche Anwendung UXP unterstützen wird und wie lange es dauern wird, bis diese Technologie vollständig ausgereift ist, ist aktuell nicht bekannt. Dokumentationen sowie Entwicklungen rund um UXP lassen sich in den jeweiligen Adobe-Seiten finden.[1]

11.2 Erste Schritte

Die Erstellung und Organisation von UXP-Plug-ins erfolgt in der dedizierten Anwendung UDT (s. Abb. 11.2). Mit dem Button *Create Plugin* erscheint ein Dialogfenster (s. Abb. 11.3), in dem der Name, der Identifikator und die Version des Plug-ins eingetragen werden kann. Die Eingabe eines gültigen Identifikators spielt dann eine Rolle, wenn der Vertrieb eines Plug-ins in den Vertriebskanälen von Adobe beabsichtigt wird. Weiterhin kann in diesem Dialogfenster definiert werden, für welche Host-Anwendung und -Version das Plug-in bestimmt ist. Mit der Dropdown *Template* lässt sich zudem eine Plug-in-Vorlage wählen. Die Angaben, die in diesem Dialogfenster erfolgen, können nachträglich innerhalb der Manifest-Konfiguration *manifest.json* nachjustiert werden (s. Abschn. 11.2.2). Mit dem nächsten Schritt *Select Folder* kann abschließend ein Speicherort für die Plug-in-Dateien ausgewählt werden.

11.2.1 Organisation von UXP-Plug-ins

UXP-Plug-ins können sich an beliebigen Stellen im Dateisystem befinden, da diese mithilfe des UDT geladen und für Hosts verfügbar gemacht werden. Dennoch macht es aus Gründen der Übersichtlichkeit Sinn einen festen Dateipfad für die Organisation der Plug-in-Daten zu nutzen. Dazu eignet sich folgender Dateipfad, welcher für die Installation von UXP-Plug-ins z. B. über den Creative Cloud-Client genutzt wird:

```
~/Library/Application Support/Adobe/UXP/Plugins
```

bzw.

---

[1] https://developer.adobe.com/apis

Developer Workspace
Playground
Create Plugin
Add Plugin
Search...
App
ID
State
Plugin
Actions
RPAiDTP.uxpExt
Loaded
RPAiDTP.uxpExt
{} Debug
Reload
Watch
Unload
RPAiDTP.uxpExt
Not loaded
RPAiDTP.uxpExt
Load
Load & Watch
UDT LOGS
APP LOGS
Validate command successfull in App with ID ID v19.4.0
Load command successfull in App with ID ID v19.4.0
Action: Plugin Debug
RPAiDTP.uxpExt
Debug command successfull in App with ID ID v19.4.0

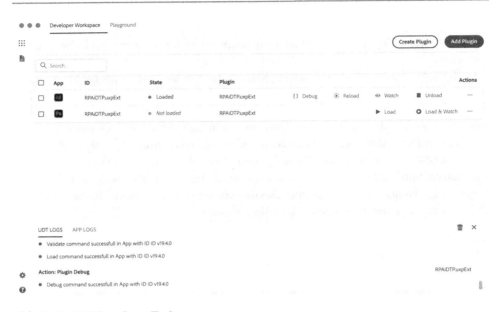

Abb. 11.2 UXP Developer Tool

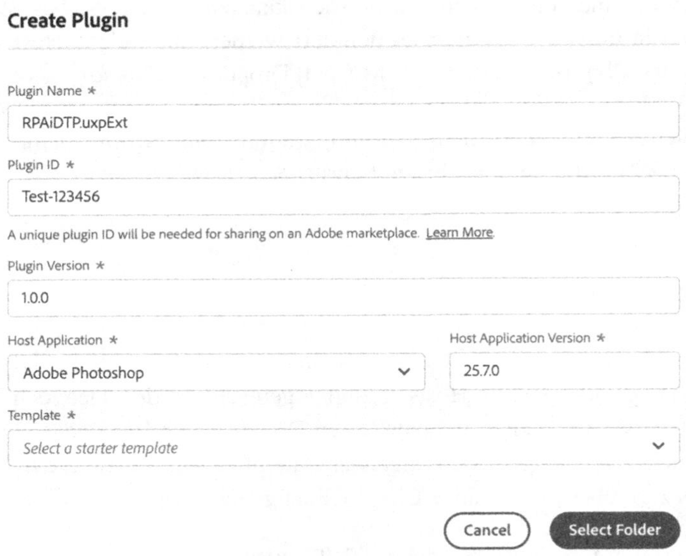

Create Plugin
Plugin Name *
RPAiDTP.uxpExt
Plugin ID *
Test-123456
A unique plugin ID will be needed for sharing on an Adobe marketplace. Learn More
Plugin Version *
1.0.0
Host Application *
Adobe Photoshop
Host Application Version *
25.7.0
Template *
Select a starter template
Cancel
Select Folder

Abb. 11.3 UDT-Dialogfenster zum Erstellen eines neuen UXP-Plug-ins

```
C:\Users\[Benutzername]\AppData\Roaming\Adobe\UXP\Plugins
```

Wird der obige Dateipfad für die Erstellung eines UXP-Plug-ins ausgewählt, wird darin ein Ordner angelegt, benannt nach dem im Eingabefeld *Plugin ID* angegebenen Identifikator. Der Stammorder eines Plug-ins mit dem Identifikator *Test-123* lautet demnach

```
~/Library/Application Support/Adobe/UXP/Plugins/Test-123
```

bzw.

```
C:\Users\[Benutzername]\AppData\Roaming\Adobe\UXP\Plugins\Test-123
```

und enthält je nach ausgewählter Vorlage unter der Dropdown *Template* diverse Vorlagedateien. Es empfiehlt sich wie zuvor in Abschn. 10.2.1 beschrieben eine auf Dateitypen (z. B. html, js, css etc.) basierte Ordnerstruktur zu etablieren und somit die Übersicht über alle Projektdateien zu gewährleisten. Weiterhin eignet sich ein Ordner img für die Ablage von Bilddateien, sowie ein Ordner etc worin alle weiteren Dateien abgelegt werden können, die sonst in den anderen Ordnern nicht zugeordnet werden können.

11.2.2 Manifest-Konfiguration

Eine essentielle Datei, die der UDT nach Erstellung eines neuen UXP-Plug-ins erstellt, ist die Datei der Manifest-Konfiguration *manifest.json*. Darin sind nicht nur die Parameter enthalten, die in den ersten Schritten der Plug-in-Erstellung eingegeben wurden (s. Abschn. 11.2) sondern viele weitere Parameter, die die Funktionsweise des jeweiligen Plug-ins beeinflussen. Ein beispielhafter Inhalt einer solchen Konfigurationsdatei ist nachfolgend dargestellt:

```
{
  "id": "RPAiDTP.uxpExt",
  "name": "RPAiDTP: UXP",
  "version": "1.0.0",
  "main": "html/index.html",
  "host": [
    {
      "app": "ID",
      "minVersion": "19.3.0"
    },
    {
      "app": "PS",
      "minVersion": "25.7.0"
    }
  ],
  "manifestVersion": 5,
  "requiredPermissions": {
```

```
  "network": {
    "domains":
    "all"
  }
},
"entrypoints": [
  {
    "type": "command",
    "id": "showAlert",
    "label": "Show alert"
  },
  {
    "type": "panel",
    "id": "showPanel",
    "minimumSize": {
      "width": 230,
      "height": 200
    },
    "maximumSize": {
      "width": 2000,
      "height": 2000
    },
    "preferredDockedSize": {
      "width": 300,
      "height": 300
    },
    "preferredFloatingSize": {
      "width": 300,
      "height": 300
    },
    "label": {
      "default": "Show panel"
    },
    "icons": [
      {
        "width": 23,
        "height": 23,
        "path": "icons/dark.png",
        "scale": [
          1,
          2
        ],
        "theme": [
          "darkest",
          "dark",
          "medium"
        ]
      },
      {
```

```
          "width": 23,
          "height": 23,
          "path": "icons/light.png",
          "scale": [
            1,
            2
          ],
          "theme": [
            "lightest",
            "light"
          ]
        }
      ]
    }
  ],
  "icons": [
    {
      "width": 48,
      "height": 48,
      "path": "icons/plugin.png",
      "scale": [
        1,
        2
      ],
      "theme": [
        "darkest",
        "dark",
        "medium",
        "lightest",
        "light",
        "all"
      ],
      "species": [
        "pluginList"
      ]
    }
  ]
}
```

Zu den wichtigsten Parametern gehören die Schlüssel id, name und version, die jeweils den Identifikator, den Namen sowie die Version des jeweiligen UXP-Plug-ins angeben. Der Name des Plug-ins erscheint in InDesign bzw. Photoshop im Menü *Zusatzmodule* bzw. *Plug-ins*. Ein Doppelpunkt im Plug-in-Namen ermöglicht das Verschachteln von Menüpunkten. So resultiert der Name RPAiDTP: UXP mit der in Abb. 11.4 dargestellten Menüstruktur.

Der main-Schlüssel gibt einen Dateipfad zu einer HTML-Datei an und bestimmt den Startpunkt des Plug-ins. Weiterhin enthält der host-Schlüssel ein Array von Objekten, die jeweils die Schlüssel app und minVersion enthalten. Diese Schlüssel

Abb. 11.4 Menü
Zusatzmodule in InDesign mit
einem aktiven UXP-Plug-in

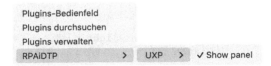

geben die Anwendung sowie die Mindestversion der Anwendung an, die das
Plug-in unterstützen sollen. Alternativ kann ein zusätzlicher Schlüssel maxVersion
hinzugefügt werden, um die größtmögliche Version der jeweiligen Anwendung
anzugeben. Das in Abb. 11.3 dargestellte Dialogfenster erlaubt das Eintragen eines
einigen Hosts bzw. einer einzigen Anwendung. Soll ein UXP-Plug-in von mehreren
Anwendungen lauffähig sein, so kann dementsprechend der host-Schlüssel um ein
weiteres Objekt erweitert werden, nachdem ein neues UXP-Projekt mithilfe des
UDT angelegt und die Konfigurationsdatei *manifest.json* im jeweiligen Projektordner
erstellt wurde. manifestVersion gibt die UXP-Manifest-Version an, auf die sich
die Manifest-Konfiguration bezieht. Der Schlüssel entrypoints enthält ein Array
von Objekten, die jeweils entweder einen Aktionsbefehl ("type": "command")
oder ein Panel-Befehl zum ein- und ausblenden eines UXP-Panels ("type": "panel")
definieren. Jedes dieser entrypoints enthält einen eindeutigen Identifikator id. Dieser
Identifikator wird ebenfalls im Programmcode während der Initialisierung des Plug-ins
genutzt, um die jeweilige Funktion zur Ausführung bereitzustellen (s. Abschn. 11.3.1).
Einem Aktionsbefehl kann zudem ein Tastenkürzel zugewiesen werden. Mit dem label-
Schlüssel kann dem jeweiligen Befehl eine Bezeichnung angegeben werden, die ggf. in
den entsprechenden Menüs angezeigt wird. Die obige Konfiguration resultiert in InDesign
mit der in Abb. 11.4 dargestellten Menüstruktur *Zusatzmodule→RPAiDTP→UXP*. In
Photoshop ist die Menüstruktur *Plug-ins→RPAiDTP: UXP*. Neben der unterschiedlichen
Benennung der Hauptmenüpunkte beider Anwendungen wird in InDesign ein Doppelpunkt im Plug-in-Namen als neue Menüebene interpretiert. Dies ermöglicht beispielsweise
das Gruppieren zusammengehöriger Plug-ins. Weiterhin kann mit einem Panel-Befehl die
minimale und maximale Panel-Größe mit den Schlüsseln minimumSize und maximumSize
in Pixel angegeben werden. Mit preferredFloatingSize kann eine Standardgröße
definiert werden. Wenn eine abweichende Standardgröße für ein im Arbeitsbereich
der Adobe-Anwendung angedockten Panel gelten soll, kann dies mit dem Schlüssel
preferredDockedSize angegeben werden. Weiterhin kann mit dem Schlüssel icons ein
Plug-in-Icon eingerichtet werden.

11.2.3 Komponententypen eines UXP-Plug-ins

Im Rahmen von UXP-Plug-ins wird zwischen den beiden Komponententypen *a)* Panel und
b) Befehl unterschieden. UXP-Plug-ins können aus beliebig vielen Panels und Befehlen
bestehen. Diese Komponenten sind im Schlüssel entrypoints der Manifest-Konfiguration
manifest.json als Aktions- bzw. Panel-Befehle zu definieren (s. Abschn. 11.2.2) und im
Programmcode mithilfe des uxp-Moduls (s. Abschn. 11.3) und der darin enthaltenen

Methode `entrypoints.setup` zu initialisieren. Im nachfolgenden Beispiel wird ein Aktionsbefehl (`command`) mit dem Identifikator `showAlert` sowie ein Panel-Befehl (`panel`) mit dem Identifikator `showPanel` in der Manifest-Konfiguration *manifest.json* definiert:

```
...
"entrypoints": [
  {
    "type": "command",
    "id": "showAlert",
    ...
  },
  {
    "type": "panel",
    "id": "showPanel",
    ...
```

Anschließend können beide Befehle mit dem nachfolgenden Codebeispiel initialisiert werden:

```
uxp.entrypoints.setup({
    commands: {
        showAlert: () => showAlert()
    },
    panels: {
        showPanel: {
            show({node} = {}) {}
        }
    }
});
```

Die Methode `entrypoints.setup` des `uxp`-Moduls nimmt ein Objekt mit den Schlüsseln `commands` und `panels` an, die jeweils Identifikatoren der zu initialisierenden Aktions- und Panel-Befehle (hier `showAlert` und `showPanel`) beinhalten.

Ein *a)* Panel stellt dem Anwender ein UI zur Verfügung und erlaubt ihm so mit dem jeweiligen Plug-in zu interagieren. Panels dieser Art lassen sich ähnlich wie anderweitige Adobe-Panels an den Arbeitsbereich der jeweiligen Anwendung andocken. Anders als bei Panels bieten *b)* Befehle kein UI (abgesehen von optionalen Dialogfenstern) und sind für die einmalige Interaktion mit dem jeweiligen Plug-in geeignet. Nach der Initialisierung beider Komponententypen stehen diese für den Aufruf im Host im Menü-Hauptpunkt *Zusatzmodule* in InDesign bzw. *Plug-ins* in Photoshop zur Verfügung. Der obige Menü-punkt bildet in InDesign lediglich Panels ab während in Photoshop sowohl Panels als auch Befehle im Menü aufgeführt werden.

Eine weitere Möglichkeit, auf Panels und Befehle eines Plug-ins zuzugreifen ist der für die Übersicht aller in dem jeweiligen Host geladenen UXP-Plug-ins neu eingeführte *Plugins*-Panel in InDesign (s. Abb. 11.5) bzw. *Plug-ins*-Panel in Photoshop. Das Panel lässt sich mit *Zusatzmodule→Plugins-Bedienfeld* in InDesign bzw. *Plug-ins→Plug-ins-*

Abb. 11.5 *Plugins*-Panel in
InDesign

Bedienfeld in Photoshop einblenden und führt alle im Host geladenen UXP-Plug-ins
gemeinsam mit den zu den jeweiligen Plug-ins zugehörigen Befehlen auf.

11.2.4 Mehrsprachigkeit von UXP-Plug-ins

Für die Realisierung mehrsprachiger UXP-Plug-ins ist es hilfreich, die Sprache des
jeweiligen Hosts zu ermitteln und im Programmcode die jeweilige Sprachübersetzung
beispielsweise eines Strings zu wählen. Nach Einbindung des uxp-Moduls kann die aktive
Sprache der ausgeführten Adobe-Anwendung mit

```
uxp.host.uiLocale;
```

ausgegeben werden. Anschließend können die gewünschten Übersetzungen mithilfe von
JS-Frameworks wie *i18next*[2] realisiert werden.

11.3 UXP-Bibliotheken

Innerhalb der UXP-Umgebung wird auf Bezug von Schnittstellen bzw. APIs zwischen
zwei Typen unterschieden, die für die Realisierung von UXP-Plug-ins und die Kommunikation mit Adobe-Anwendungen zur Verfügung stehen. Der erste API-Typ ist eine
Schnittstelle – genannt UXP-API –, die von allen UXP-kompatiblen Host-Anwendungen
gemeinsam genutzt wird und Komponenten bzw. Funktionen wie UI-Elemente, Dateisys-
temzugriff und Netzwerkfunktionen bereitstellt. Diese kann mit

```
const uxp = require("uxp");
```

---

[2] https://www.i18next.com

instanziiert und nachträglich genutzt werden. In diesem Fall ist uxp eine Bibliothek bzw. ein Modul, welches mithilfe aus Node.js bekannten require-Funktion in den eigenen Programmcode importiert wird.

Der zweite API-Typ ist die Host-API wie beispielsweise Photoshop-API oder InDesign-API, die anwendungsspezifische Komponenten bzw. Funktionen bereitstellt. Schnittstellen dieser Art lassen sich ebenfalls mithilfe von korrespondierenden Bibliotheken bzw. Modulen instanziieren und nutzen. So lässt sich mit

```
const ps = require("photoshop");
```

bzw.

```
const id = require("indesign");
```

die Photoshop- bzw. InDesign-API im eigenen Programmcode instanziieren. Die zu instanziierende API muss mit der Anwendung, in der das jeweilige UXP-Plug-in ausgeführt wird, übereinstimmen. Beispielsweise lässt sich das photoshop-Modul lediglich in Photoshop importieren und der Versuch, es in InDesign zu importieren resultiert mit der Fehlermeldung Uncaught Error: Module not found: "photoshop". Parent module folder was: "./"..

11.3.1 Host-Kommunikation

Die schnittstellengesteuerte Kommunikation mit einem Host erfolgt über die korrespondierende API, welches – wie in Abschn. 11.3 beschreiben – als Modul zur Verfügung steht und mit require("photoshop") bzw. require("indesign") entweder individuell oder mit

```
const { app } = require(uxp.host.name.toLowerCase());
```

anwendungsübergreifend instanziiert werden kann. Anschließend lässt sich der jeweilige Host mithilfe des app-Objekts beliebig steuern.

Host- und Client-Informationen
Das uxp-Modul kann neben der Sprachinformation des Hosts (s. Abschn. 11.2.4) den Namen sowie die Version des Hosts mit

```
uxp.host.name;
```

bzw.

```
uxp.host.version;
```

ausgeben. Diese Angaben sind beispielsweise dann hilfreich, wenn sich Plug-in-Funktionen in den jeweiligen Hosts unterschiedlich verhalten sollen. Beispielsweise kann der in einer Manifest-Konfiguration *manifest.json* definierte Befehl newDoc in Abhängigkeit des Hosts wie folgt unterschiedlich initialisiert werden:

```
if (uxp.host.name == "Photoshop") {
    uxp.entrypoints.setup({
        commands: {
            newDoc: () => newDocPs()
        }
    });
} else if (uxp.host.name == "InDesign") {
    uxp.entrypoints.setup({
        commands: {
            newDoc: () => newDocId()
        }
    });
}
```

Im obigen Beispielcode wird dem Befehl newDoc die Folgefunktion newDocPs() zugewiesen, sofern der Host Photoshop ist. Handelt es sich bei dem Host um InDesign, so führt der newDoc-Befehl zur Funktion newDocId().

Weiterhin können mithilfe des im UXP verfügbaren Moduls os Informationen über den Client ausgegeben werden. So kann z. B. nach Einbindung des os-Moduls mit

```
const os = require("os");
```

der Name des Betriebssystems mit

```
os.platform();
```

und die Bezeichnung der CPU-Architektur mit

```
os.arch();
```

ausgegeben werden. Diese Informationen sind insbesondere bei betriebssystemrelevanten Plug-in-Funktionen hilfreich.

Host-Benutzeroberfläche

Wie zuvor in Abschn. 10.3.1 beschrieben kann die Benutzeroberfläche in Adobe InDesign, Photoshop und Illustrator wie in Abb. 11.6 dargestellt zwischen den vier Farbschemata *Dunkel*, *Mitteldunkel*, *Mittelhell* und *Hell* ausgewählt werden.

Um einen Konsens zwischen der Host- und Plug-in-Benutzeroberfläche zu ermöglichen, stellt UXP in Photoshop diverse CSS-Variablen zur Verfügung, die das Farbschema der Host-Benutzeroberfläche widerspiegeln. Mithilfe dieser CSS-Variablen kann die Benutzeroberfläche des eigenen UXP-Plug-ins an das jeweils aktive Farbschema des jeweiligen Hosts angepasst werden. So kann mit

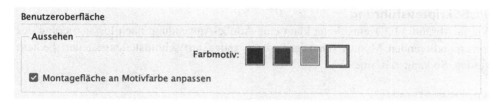

Abb. 11.6 Anpassen der Benutzeroberfläche in InDesign

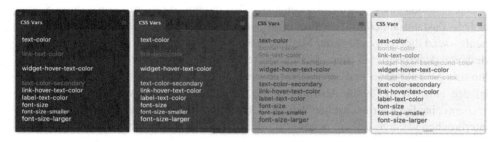

Abb. 11.7 Resultate der UXP-CSS-Variablen in den vier Farbschemata *Dunkel*, *Mitteldunkel*, *Mittelhell* und *Hell* in Photoshop

```
background-color: var(--uxp-host-background-color);
```

die Hintergrundfarbe eines beliebigen HTML-Elements mit der Hintergrundfarbe der jeweiligen Adobe-Anwendung abgeglichen werden. Weiterhin stehen folgende Variablen zur Verfügung, die mit den in Abb. 11.7 dargestellten Farben bzw. Schriftgrößen resultieren:

```
--uxp-host-text-color
--uxp-host-border-color
--uxp-host-link-text-color
--uxp-host-widget-hover-background-color
--uxp-host-widget-hover-text-color
--uxp-host-widget-hover-border-color
--uxp-host-text-color-secondary
--uxp-host-link-hover-text-color
--uxp-host-label-text-color
--uxp-host-font-size
--uxp-host-font-size-smaller
--uxp-host-font-size-larger
```

Host-Skriptausführung

Wie in Abschn. 11.3.1 eingeleitet kann eine Adobe-Anwendung nach Instanziierung des korrespondierenden Moduls (`photoshop` bzw. `indesign`) schnittstellengesteuert bedient werden. So kann z. B. mit

```
app.documents.add();
```

ein neues Dokument in InDesign angelegt werden.

Das Erstellen eines neuen Dokuments erfordert in Photoshop einige zusätzliche Schritte. Jede Zustandsänderung von Photoshop – dazu zählt das Erstellen eines neuen Dokuments – setzt die Verwendung der Methode `executeAsModal` voraus. Die `executeAsModal`-Methode deaktiviert bis zum Ausführungsende einer beliebigen Funktion bestimmte Photoshop-Funktionen und gewährleistet einem Plug-in einen ausschließlichen Zugriff auf den Host. Wird für die Ausführung der jeweiligen Funktion viel Zeit beansprucht, erscheint eine Fortschrittsanzeige. Weiterhin kann die Ausführung der jeweiligen Funktion unterbrochen werden. Um ein neues Photoshop-Dokument zu erstellen kann zunächst mit

```
await require('photoshop').core.executeAsModal(
    newDocPsFunc, {"commandName": "Neues Dokument (PS)"}
);
```

die Methode `executeAsModal` aufgerufen werden. Diese Methode erwartet die zu ausführende Funktion (hier: `newDocPsFunc`) sowie den gewünschten Befehlsnamen (hier: `Neues Dokument (PS)`) als Parameter. Anschließend wird folgende Funktion ausgeführt und ein neues Photoshop-Dokument wird erstellt:

```
async function newDocPsFunc() {
    app.documents.add();
}
```

Mithilfe eines Debuggers können die Eigenschaften und Methoden, die die jeweilige Host-API zur Verfügung stellt, wie in Abb. 11.8 dargestellt inspiziert werden (s. auch Abschn. 11.4).

Event Handler

Ähnlich wie das Überwachungskonzept von Ereignissen wie u. a. Mouse- (`click`, `mousedown`, `mouseover` etc.), Keyboard- (`keydown`, `keyup`, `keypress` etc.) und Window-Events (`load`, `scroll`, `hashchange` etc.) in JS, lassen sich mithilfe von UXP Ereignisse in den Adobe-Anwendungen InDesign und Photoshop überwachen. In InDesign ist dafür die Methode `addEventListener()` des `indesign`-Moduls zuständig, welche das zu überwachende Ereignis bzw. Event sowie die auszuführende Folgefunktion als Parameter erwartet. So kann beispielsweise mit

```
app.addEventListener("afterActivate", function() {
```

Abb. 11.8 Inspizieren des indesign-Moduls mit einem Debugger

```
    console.log("Id im Fokus.");
});

app.addEventListener("beforeDeactivate", function() {
    console.log("Id nicht im Fokus.");
});
```

in der Konsole ausgegeben werden, ob InDesign im Vordergrund ist oder nicht. Eine Auflistung aller Events, die überwacht werden können, befindet sich in den Dokumentation der InDesign-API.[3]

Um den gleichen Effekt in Photoshop zu realisieren kommt die Methode addNotificationListener() aus dem action-Objekt des photoshop-Moduls zum Einsatz. Diese Methode erwartet ein Array mit einem bzw. mehreren zu überwachenden Events, sowie die Folgefunktion bei Auftreten des bzw. der jeweiligen Events. Optional können der Folgefunktion die Bezeichnung des aufgetretenen Events sowie zusätzliche,

---

[3] https://developer.adobe.com/indesign/dom/api/e/Event

eventspezifische Eigenschaften übergeben werden. Das obige Beispiel kann in Photoshop mit folgendem Beispielcode realisiert werden:

```
require("photoshop").action.addNotificationListener(["hostFocusChanged"],
    (e, d) => {
    if(d.active) {
        console.log("Ps im Fokus.");
    } else {
        console.log("Ps nicht im Fokus.");
    }
});
```

Im obigen Beispielcode wird das Event hostFocusChanged überwacht. Tritt dieser auf, wird die für diesen Event spezifische boolesche Eigenschaft active überprüft. Je nach dem, ob diese true oder false ist, wird die entsprechende Konsolenausgabe generiert. Mit dem Programmcode

```
require("photoshop").action.addNotificationListener(["all"], (e, d) => {
    console.log(e, d);
});
```

werden diejenigen Eventbezeichnungen und -eigenschaften in der Konsole ausgegeben, die in Photoshop auftreten und überwacht werden können. So können die gewünschten Events über die Konsole ermittelt und im eigenen Programmcode für die Überwachung verwendet werden.

11.4   Debugging

Wie in Abschn. 11.2 eingeleitet steht für die Erstellung und Organisation von UXP-Plug-ins eine dedizierte Anwendung UDT zur Verfügung. Wird ein UXP-Plug-in in den UDT importiert, kann dieses in den unterstützten Hosts u. a. aktiviert (*Load*) und deaktiviert (*Unload*) werden (s. Abb. 11.9). Für die Plug-in-Entwicklung kann der Debugger des jeweiligen Plug-ins geöffnet werden (*Debug*). Aufgrund der Tatsache, dass UXP auf die

Abb. 11.9 UDT mit einem importierten UXP-Plug-in, welches von InDesign und Photoshop unterstützt wird

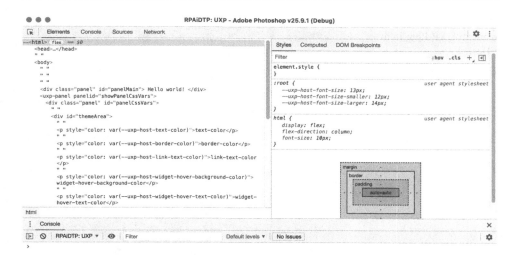

Abb. 11.10 UDT-Debugger

JS-Engine V8 von Google basiert, ähnelt der UDT-Debugger bzw. das DevTool denen der Chromium-basierten Browsern (s. Abb. 11.10).

11.5 User Interface (UI)

Das UI eines UXP-Plug-ins lässt sich mit HTML und CSS aufbauen und stilisieren. In UXP werden mit HTML und CSS erstellte UI-Elemente in native, auf Adobe's Designsystem ‚Spectrum' basierende (s. Abschn. 10.6) UI-Elemente des jeweiligen Hosts konvertiert. Während in CEP beispielsweise ein HTML-Button in InDesign so dargestellt wird, wie man sie eigenständig stilisiert hat, wird dieser in UXP als ein natives UI-Element von InDesign dargestellt, was zwar die Individualisierbarkeit einschränkt, jedoch zu Performance-Vorteilen führt. Beispielsweise resultieren die HTML-Elemente button, select, textarea, input type="checkbox", input type="radio", input type="range", h1, h2, h3, h4, h5 und p in einem in InDesign geladenen UXP-Plug-in mit den in Abb. 11.11 dargestellten UI-Elementen.

Neben der Möglichkeit nativer HTML-Elemente stehen ‚Spectrum'-Elemente für den Aufbau einer UI zur Verfügung. Einige dieser Elemente sind in UXP bereits integriert und werden ‚Spectrum UXP Widgets' genannt. Die Implementierung dieser Elemente erfolgt mithilfe gewohnter HTML-Tags. Beispielsweise resultiert der Code

```
<sp-body>Hello world!</sp-body>
```

```
<sp-button variant="primary">Button</sp-button>
```

Abb. 11.11 HTML-Elemente
in einem UXP-Plug-in in
InDesign

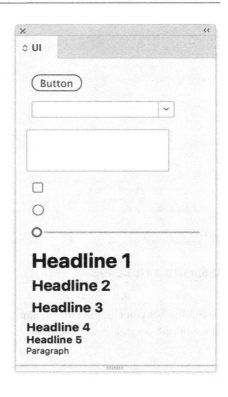

```
<sp-dropdown placeholder="Dropdown" style="width: 80%">
  <sp-menu slot="options">
    <sp-menu-item>Option 1</sp-menu-item>
    <sp-menu-item>Option 2</sp-menu-item>
    <sp-menu-item>Option 3</sp-menu-item>
  </sp-menu>
</sp-dropdown>

<sp-checkbox>Checkbox</sp-checkbox>

<sp-radio>Radio</sp-radio>

<sp-slider min="0" max="100" value="25"></sp-slider>
```

mit dem in Abb. 11.12 dargestellten UI-Elementen in einem UXP-Plug-in.

Eine Auflistung aller verfügbaren *Spectrum UXP Widgets* ist in den Dokumentation der
UXP-API verfügbar.[4]

---

[4] https://developer.adobe.com/photoshop/uxp/2022/uxp-api/reference-spectrum/Spectrum%20UXP
%20Widgets/User%20Interface

Abb. 11.12 *Spectrum UXP*
Widgets in einem UXP-Plug-in
InDesign

11.6   Fallbeispiel: UXP-Middleware-Panel

Im Zuge eines Technologiewandels von Adobe CEP nach UXP soll ein Softwareprojekt –
eine CEP-Erweiterung (s. Fallbeispiel in Abschn. 10.7) – in ein UXP-Plug-in umgeschrieben werden. Die Erweiterung kann auftragsbezogene Projektdaten aus mehreren
Datenquellen zusammenfassend anzeigen und diverse Funktionen anbieten, die sich auf
die jeweiligen Aufträge beziehen (z. B. Statusänderung eines Projekts, Generieren von
Assets etc.) und ist als Middleware zwischen einer Adobe-Erweiterung und den externen
Systemen zu verstehen. Der folgende, gesamte Funktionsumfang der älteren Anwendung
soll weitestgehend übernommen werden: *a)* Laden und Strukturieren externer Daten aus
a1) monday.com, einer Software für PM, *a2)* AtroCore, einer Software für DAM und *a3–
4)* zwei SQL-Datenbanken, *b)* Anzeigen der Projektdaten in dem Erweiterungs-UI, Öffnen
von *c)* URLs und *d)* Dateipfaden, *e)* Setzen eines Projektstatus, sowie Generieren von
f) XML-Inhalten und *g)* grafischen Assets mithilfe *g1)* InDesign und *g2)* Photoshop. Da
die Erweiterbarkeit von Illustrator mit UXP noch nicht gegeben ist, kann die Teilfunktion
g3 des CEP-Fallbeispiels nicht übernommen werden. Das UXP-Plug-in soll primär von
Adobe InDesign und Photoshop 2024 auf dem Betriebssystem macOS unterstützt und im
Tagesgeschäft eines Unternehmens eingesetzt werden.

Zunächst wird auf Grundlage der älteren Erweiterung das UI mit HTML nachgebaut.
Dabei kommen in UXP integrierte *Spectrum UXP Widgets* zum Einsatz (s. Abb. 11.13). Es
werden weiterhin alle für den Funktionsumfang notwendigen `id`-Attribute übernommen.
Anders als bei CEP sind in einer UXP-Umgebung in Photoshop `onclick`-Attribute in
HTML-Elementen nicht funktionsfähig. Der Einsatz von `onlick`führt in Photoshop zu fol-
gender Fehlermeldung: `Refusing to load event handler tag as executable code.`

Abb. 11.13 UXP-
Fallbeispiel: Middleware-Panel

Code generation is disabled in plugins. Stattdessen müssen Event Handler im JS-Code realisiert werden. So muss der Beispielcode

```
<sp-button variant="primary" id="butValidate" onclick="validateSearch(
    document.getElementById('input_jobno').value)">Suchen</sp-button>
```

in

```
<sp-button variant="primary" id="butValidate">Suchen</sp-button>
```

angepasst werden. Der korrespondierende Event Handler in JS-Code kann mit

```
document.querySelector("#butValidate").onclick = () => validateSearch(
    document.getElementById('input_jobno').value);
```

realisiert werden.

Anschließend wird der Programmcode der CEP-Erweiterung einer Funktionsanalyse unterzogen und die Ergebnisse dieser Analyse in der Tab. 11.1 aufgelistet. Ziel ist es, diejenigen Teile des Programmcodes aus der JS- und JSX-Ebene der CEP-Erweiterung zu ermitteln, die in die UXP-Umgebung ohne umfangreiche Codeanpassungen übernommen (✔) und nicht übernommen (✘) werden können. Funktionen, die lediglich geringfügige Anpassungen benötigen (✔*), erhalten in der Spalte *Bemerkung* einen entsprechenden Kommentar. Nachfolgend geht das Fallbeispiel lediglich auf diejenigen Teilfunktionen ein, die angepasst werden müssen.

Die Klassen- und Variablendeklaration aus dem globalen Sichtbarkeitsbereich des Programmcodes konnten unverändert übernommen werden. Lediglich die Methodenaufrufe evalScript() und addMessageListener() aus den CEP-Bibliotheken *CSInterface.js* und *Vulcan.js* sowie die zugehörigen Variablen sind entfallen, da diese Funktionen bzw. Bibliotheken in der UXP-Umgebung nicht unterstützt werden.

Die Validierung der durch den Benutzer eingegebenen Auftragsnummer wird mithilfe der Funktion validateSearch() realisiert. Im Falle einer gültigen Eingabe wird die Funktion searchJob() aufgerufen, die u. a. eine Kette von Folgefunktionen enthält, die nacheinander ausgeführt werden. Die erste Funktion dieser Kette ist loadProjData(). Diese Funktion nutzt ursprünglich das Node.js-Modul https, um sich mit den Schnittstellen von externen Systemen – hier *a1* monday.com und *a2* AtroCore – zu verbinden und projektrelevante Daten einzuholen. Da Node.js von UXP nicht uneingeschränkt unterstützt wird, kommt in der Funktion loadProjData() anstelle des https-Moduls die JS-Funktion fetch() wie folgt zum Einsatz:

```
const response = await fetch("https://" + config.host + config.path, {
    method: config.method,
    mode: "cors",
    cache: "no-cache",
    credentials: "same-origin",
    headers: config.headers,
    redirect: "follow",
    referrerPolicy: "no-referrer",
    body: config.postData,
});
return response.text();
```

Tab. 11.1 Ergebnis der Funktionsanalyse für die Umsetzung des UXP-Fallbeispiels *Middleware-Panel*

Id	Funktionsname	Ebene	Beschreibung	Bemerkung	Stand
–	validateSearch()	JS	Validierung der eingegebenen Auftragsnummer	–	✔
–	searchJob()	JS	Enthält u. a. eine Kette von Funktionen, die imperativ ausgeführt werden	* Aus der Funktionskette wurde lediglich der Funktionsaufruf dbInit() entfernt	✔ *
a1–2, e	loadProjData()	JS	Datenabruf aus monday.com und AtroCore	Einsatz von fetch() anstelle des Node.js-Moduls https	✘
a1–4	structureData()	JS	Datenstrukturierung monday.com und AtroCore	Laden des Node.js-Moduls https entfällt	✔ *
a3–4	dbInit()	JS	Herstellung der Datenbankverbindungen	Funktion wird auf eine Node.js-Anwendung helper.js ausgelagert	✘
a3	loadDbDataComp()	JS	Datenabruf aus Datenbank rpaidtp_cs_companyDb	Datenbankverbindung läuft über die Node.js-Anwendung helper.js	✘
a4	loadDbDataProj()	JS	Datenabruf aus Datenbank rpaidtp_cs_productsDb	Datenbankverbindung läuft über die Node.js-Anwendung helper.js	✘
b	displayData()	JS	Anzeigen der Daten in dem UI	–	✔
c	openUrl()	JS	Öffnen von URLs	Einsatz des uxp-Moduls anstelle der *CSInterface.js-*Bibliothek	✘
d	openPath()	JS	Öffnen von Dateipfaden	Einsatz des uxp-Moduls anstelle des child_process-Moduls	✘
e	setStatus()	JS	Setzen eines Projektstatus	–	✔
f	buildXml()	JS	Generieren von XML-Inhalten	Funktion wird auf eine Node.js-Anwendung helper.js ausgelagert	✘

(Fortsetzung)

Tab. 11.1 (Fortsetzung)

Id	Funktionsname	Ebene	Beschreibung	Bemerkung	Stand
g1–3	`generateAssets()`	JS	Host-Kommunikation mit InDesign, Photoshop und Illustrator	–	✖
g1	`generatePdfSheet ()`	JSX	Generieren grafischer Assets mit InDesign	–	✖
g2	`generateWebImages ()`	JSX	Generieren grafischer Assets mit Photoshop	–	✖
g3	`generateBadge()`	JSX	Generieren grafischer Assets mit Illustrator	keine UXP-Unterstützung in Illustrator; Realisierung nicht möglich	✖

Die jeweils geladenen Projektdaten werden anschließend mit zweimaliger Ausführung der Funktion `structureData()` strukturiert. Auch diese Funktion bleibt – bis auf das Entfallen des Node.js-Moduls `https` zum Laden der Produktansicht in Prozess *a2* – unverändert.

Die Funktion `dbInit()` diente ursprünglich dazu, zwei Datenbankverbindung zu initialisieren. Da dies in UXP nicht möglich ist und das Node.js-Modul `mysql` nicht unterstützt wird, wird der Funktionsumfang von `dbInit()` in einer externe Node.js-Anwendung ausgelagert. Dazu wird eine JS-Datei `helper.js` mit dem nachfolgenden Inhalt erstellt und im macOS-Terminal mit `node helper.js` als Node.js-Anwendung gestartet:

```
const express = require("express");
const mysql = require("mysql2");
const cors = require("cors");

const app = express();
const port = 9999;

app.use(cors());
app.use(express.json());


const dbConCompany = mysql.createPool({
  host: "gndgn.dev",
  user: "rpaidtpUser",
  password: dbPassCompany,
  database: "rpaidtp_cs_companyDb"
});

const dbConProjects = mysql.createPool({
  host: "gndgn.dev",
  user: "rpaidtpUser",
```

```
    password: dbPassProjects,
    database: "rpaidtp_cs_productsDb"
});
app.post("/loadDbDataComp", (req, res) => {
    dbConCompany.query(req.body.query, (err, results) => {
        if (err) {
            console.error(err);
            return;
        }
        console.log(results);
        res.json(results);
    });
});

app.post("/loadDbDataProj", (req, res) => {
    dbConProjects.query(req.body.query, (err, results) => {
        if (err) {
            console.error(err);
            return;
        }
        console.log(results);
        res.json(results);
    });
});

app.listen(port, () => {
    console.log(`Server gestartet: http://localhost:${port}`);
});
```

Die obige Anwendung macht Gebrauch von den Node.js-Modulen express, mysql2 sowie cors und baut eine Verbindung mit den beiden Datenbanken *a3* rpaidtp_cs_companyDb und *a4* rpaidtp_cs_productsDb auf. Weiterhin startet die Anwendung mithilfe der listen()-Methode des express-Moduls einen lokalen Server, welcher die Endpunkte loadDbDataComp und loadDbDataProj über Port 9999 bereitstellt, um eine Kommunikation mit den jeweiligen Datenbanken anbieten und die angefragten Daten liefern zu können.

Die Kommunikation des UXP-Plug-ins mit der obigen Node.js-Anwendung helper.js erfolgt ebenfalls mit der JS-Funktion fetch() in den Funktionen loadDbDataComp() und loadDbDataProj(). Die loadDbDataComp()-Funktion ist nachfolgend dargestellt:

```
let q = { query: "SELECT artno, prodname, prodvar FROM projects WHERE
    jobno=" + curSearch.jobno };
try {
    const response = await fetch(
        "http://localhost:9999/loadDbDataComp",
        {
            method: "POST",
```

```
        headers: {"Content-Type": "application/json"},
        mode: "cors",
        body: JSON.stringify(q)
    });
  const data = await response.json();
  console.log(data);
  return data;

} catch (error) {
    console.error(error);
}
```

Die `loadDbDataProj()`-Funktion für die zweite Datenbankkommunikation ist bis auf die Datenbankabfrage bzw. den Query

```
"SELECT descr FROM products WHERE artno='" + curSearch.artno + "'"
```

und dem Endpunkt

```
"http://localhost:9999/loadDbDataProj"
```

identisch.

Nach den obigen Prozessen der Datenabrufe und -strukturierungen werden *b)* die projektrelevanten Daten mithilfe der unveränderten Funktion `displayData()` in der UI angezeigt.

Das *c)* Öffnen von URLs im Standardbrowser in der Funktion `openUrl()` erfolgt mithilfe der Methode `openExternal()` aus dem uxp-Modul anstelle der ursprünglich verwendeten `openURLInDefaultBrowser()`-Methode aus der *CSInterface.js*-Bibliothek:

```
uxp.shell.openExternal(s);
```

Um URLs im Standardbrowser öffnen zu können, benötigt die Manifest-Konfiguration *manifest.json* des jeweiligen UXP-Plug-ins folgenden zusätzlichen Eintrag im Schlüssel `requiredPermissions`:

```
"launchProcess": {
  "schemes": [
    "https"
  ]
},
```

Die Funktion `openPath()` zum *d)* Öffnen von Dateipfaden benötigt ebenso einige Anpassungen. So kommt anstelle des `child_process`-Moduls die Methode `openPath()` aus dem uxp-Modul zum Einsatz:

```
uxp.shell.openPath(p);
```

Auch diese Funktion benötigt eine Anpassung in der Manifest-Konfiguration. Der Schlüssel `requiredPermissions` benötigt einen weiteren Eintrag

```
"localFileSystem": "fullAccess"
```

sowie folgenden neuen Eintrag im Schlüssel `launchProcess`:

```
"extensions": [
    ""
]
```

Die Funktion `setStatus()` zum *e)* Setzen eines Projektstatus bleibt unverändert und ruft für die Kommunikation mit einem externen System die Funktion `loadProjData()` auf. Diese Funktion wurde bereits zuvor auf die `fetch()`-Funktion umgeschrieben.

Das *f)* Generieren von XML-Inhalten erfolgt mithilfe der Funktion `buildXml()`. Mit `xmlbuilder2`, `os` und `fs` macht auch diese Funktion von einigen Node.js-Modulen Gebrauch. Aus diesem Grund wird auch diese gesamte Funktion in die Node.js-Anwendung `helper.js` ausgelagert und ein neuer Endpunkt `buildXml` erstellt.

Im CEP-Fallbeispiel wurde die Bibliothek *Vulcan.js* dazu genutzt, um mit den Anwendungen bzw. Hosts InDesign, Photoshop und Illustrator zu kommunizieren um die Generierung diverser Assets in den jeweiligen Hosts anzustoßen. Da *Vulcan.js* von UXP nicht unterstützt wird und zum jetzigen Zeitpunkt auch keine alternative Methode besteht, Nachrichten zwischen Hosts mithilfe eines UXP-Plug-ins auszutauschen, kann die Generierung eines jeweiligen Assets leidiglich auf dem jeweils korrespondierenden Host erfolgen. Soll beispielsweise mithilfe der Funktion `generatePdfSheet()` ein PDF-Dokument in InDesign generiert werden, so ist der entsprechende Button *XML-Datei* in der Plug-in-UI auch in InDesign auszuwählen. So wird die Funktion `generateAssets()` dazu genutzt, um zu überprüfen, ob der Funktionsaufruf einer Asset-Generierung von dem jeweils zugehörigen Host ausgeht:

```
switch(type) {

case "pdf":
    if(uxp.host.name == "InDesign") {
        generatePdfSheet(curSearch, true);
    } else {
        alert("Diese Funktion ist nur in InDesign verfügbar.");
    }
    break;
case "web":
    if(uxp.host.name == "Photoshop") {
        generateWebImages(curSearch, true);
    } else {
        alert("Diese Funktion ist nur in Photoshop verfügbar.");
    }
    break;
}
```

Neben dem Nachteil, mit UXP nicht zwischen Hosts kommunizieren zu können, bringt UXP auf der anderen Seite den Vorteil mit sich, dass die Host-Skriptausführung direkt auf der JS-Ebene stattfindet und kein Nachrichtenaustausch zwischen der JS- und JSX-Ebene wie zuvor mit der Methode evalScript() aus der CSInterface-Bibliothek erfolgen muss.

Nachfolgend wird die für die UXP-Umgebung umgeschriebene Funktion generate PdfSheet() dargestellt, um *g1)* ein Asset – hier PDF-Dokument – in InDesign zu generieren:

```js
async function generatePdfSheet(input, notif) {

    const {
        DocumentIntentOptions,
        PageOrientation,
        FitOptions,
        VerticalJustification,
        AutoSizingReferenceEnum,
        AutoSizingTypeEnum,
        ExportFormat,
        SaveOptions
    } = require("indesign");

    app.documents.add({
        documentPreferences: {
            intent: DocumentIntentOptions.WEB_INTENT,
            pageWidth: "148mm",
            pageHeight: "105mm",
            orientation: PageOrientation.LANDSCAPE
        }
    });

    let doc = app.activeDocument;

    doc.textFrames.add({
        geometricBounds: ["10mm", "10mm", "70mm", "70mm"]
    });

    async function imgBuffer() {
        return fetch(curSearch.image)
        .then((response) => {
            return response.arrayBuffer();
        });
    }

    let tempImage = await imgBuffer();

    const tempFolder = await uxp.storage.localFileSystem.getTemporaryFolder
        ();
```

```
const tempFile = await tempFolder.createFile(curSearch.jobno + ".png", {
    overwrite: true });
await tempFile.write(tempImage);

doc.textFrames.firstItem().place((tempFile));
doc.pageItems.firstItem().fit(FitOptions.PROPORTIONALLY);
doc.textFrames.add({
    geometricBounds: ["70mm", "10mm", "94mm", "90mm"],
    contents: input.name + "\n" + input.variant
});

doc.textFrames.firstItem().lines.item(0).appliedFont = app.fonts.
    itemByName("Myriad Pro\tRegular");
doc.textFrames.firstItem().lines.item(0).pointSize = 30;

doc.textFrames.firstItem().lines.item(1).appliedFont = app.fonts.
    itemByName("Myriad Pro\tItalic");
doc.textFrames.firstItem().lines.item(1).pointSize = 20;
doc.textFrames.firstItem().lines.item(1).leading = 18;

doc.textFrames.add({
    geometricBounds: ["30mm", "80mm", "94mm", "136mm"],
    contents: "Art.-Nr.: " + input.artno + "\nMarke: " + input.brand +
        "\n\nBeschreibung: " + input.desc
});

doc.textFrames.item(0).texts.item(0).appliedFont = app.fonts.itemByName
    ("Myriad Pro\tRegular");
doc.textFrames.item(0).texts.item(0).pointSize = 12;

doc.textFrames.item(0).textFramePreferences.properties = doc.textFrames.
    item(1).textFramePreferences.properties = {
    verticalJustification: VerticalJustification.BOTTOM_ALIGN,
    autoSizingReferencePoint: AutoSizingReferenceEnum.BOTTOM_LEFT_POINT,
    autoSizingType: AutoSizingTypeEnum.HEIGHT_ONLY
};

let path = os.homedir() + "/Desktop/" + input.artno + "_" + input.name +
    "_" + input.variant + ".pdf";

doc.exportFile(ExportFormat.PDF_TYPE, path);
doc.close(SaveOptions.NO);

if(notif) {
    alert("Export abgeschlossen\nPDF-Datenblatt exportiert in\n" + path);
}
}
```

Auch wenn der ExtendScript-Code aus der CEP-Erweiterung größtenteils unverändert in die UXP-Umgebung übernommen werden konnte, mussten einige grundlegende Anpassungen vorgenommen werden. Zu den wesentlichen Unterschieden des
obigen Programmcodes zu der vorherigen Variante zählt der Import diverser Objekte
(`DocumentIntentOptions`, `PageOrientation`, `FitOptions` etc.) aus dem `indesign`-Modul
zu Beginn der Funktion.

Während es in ExtendScript möglich ist, eine Variablendeklaration mit Generierung
neuer Elemente zu verknüpfen, um so im späteren Programmablauf auf die jeweils
generierten Elemente mithilfe der verknüpften Variable zuzugreifen, muss in der UXP-
Umgebung die Zuweisung eines Elements zu einer Variable gesondert geschehen, sofern
der Zugriff auf ein Element anhand einer Variable zu ermöglichen ist. Beispielsweise ist
es in ExtendScript möglich, mit

```
var doc = app.documents.add(...
```

ein neues Dokument zu erstellen und das neu erstellte Dokument der Variable doc
zuzuweisen. Im späteren Programmablauf kann so dieses Dokument mit doc zugegriffen
werden, z. B. wie folgt:

```
doc.exportFile( ...
```

Im Rahmen von UXP funktioniert die zeitgleiche Variablendeklaration und Elementgene-
rierung nicht. Wird ein neues Dokument mit

```
app.documents.add( ...
```

erstellt, muss diese anschließend einer Variable z. B. mit

```
let doc = app.activeDocument;
```

zugewiesen werden, um im späteren Programmablauf anhand doc verfügbar zu sein.

Weiterhin ist es in einer UXP-Umgebung nicht immer möglich, eine Sammlung von
Elementen anhand eines Index in eckigen Klammern einzeln anzusprechen. Während es
beispielsweise in ExtendScript möglich ist, mit

```
doc.textFrames[0].texts ...
```

aus einer Sammlung von Textrahmen den Textrahmen mit dem Index 0 auszuwählen, muss
dies in UXP anhand der Methode `item()` erfolgen:

```
doc.textFrames.item(0).texts ...
```

Eine weitere Funktion des UXP-Plug-ins ist das *g2)* Generieren grafischer Assets –
hier Produktansichten als JPEG-Dateien – mit Photoshop. Der für die UXP-Umgebung
umgeschriebene Programmcode ist wie folgt:

```
async function generateWebImages(input, notif) {

    const constants = require("photoshop").constants;
    const fs = require("uxp").storage.localFileSystem;

    let fileP = `${os.homedir()}/Desktop/${input.artno}_${input.name}_
        ${input.variant}.pdf`;

    await require("photoshop").core.executeAsModal(openFile, {"commandName":
        "PDF-Datei öffnen"});
    async function openFile() {
        try {
            const f = await fs.getEntryWithUrl(fileP);
            if (f) {
                await app.open(f);
            } else {
                console.log("Datei existiert nicht.");
            }
        } catch (error) {
            console.error(error);
        }
    }

    let doc = app.activeDocument;
    let docWs = [1600, 1200, 900, 600];

    for (w of docWs) {
        let newH = Math.round(doc.height / doc.width * w);

        await require("photoshop").core.executeAsModal(resizeImg,
            {"commandName": "Bild skalieren"});
        async function resizeImg() {
            await doc.resizeImage(w, newH);
        }

        await require("photoshop").core.executeAsModal(saveFile,
            {"commandName": "JPG-Datei exportieren"});
        async function saveFile() {
            let fileS = `${input.artno}_${input.name}_${input.variant}_${w}x
                ${newH}.jpg`;

            try {
                const f = await fs.getFileForSaving(fileS);
                if (f) {
                    await doc.saveAs.jpg(f, { }, true);
```

```
            } else {
                console.log("Speicherpfad nicht ausgewählt.");
            }
        } catch (error) {
            console.error(error);
        }
    }
}

await require("photoshop").core.executeAsModal(closeDoc, {"commandName":
    "JPG-Datei exportieren"});
async function closeDoc() {
    doc.close(constants.SaveOptions.DONOTSAVECHANGES);
}
if(notif) {
    alert(`Export abgeschlossen: ${docWs.length} Grafiken exportiert.`);
}
}
```

Im Vergleich zum Programmcode für InDesign sind im Code für Photoshop mehr Codeanpassungen notwendig. Beispielsweise erfordern viele grundlegende Photoshop-Funktionen wie das Skalieren eines Bildes oder Speichern eines Dokuments den jeweiligen Funktionsaufruf mithilfe der Methode `executeAsModal()` aus dem photoshop-Modul.

Weiterhin sind viele im Zusammenhang mit dem Dateisystem stehende Funktionen aus dem uxp-Modul zu beziehen. So ist es beispielsweise wie in der Sprache ExtendScript der Fall nicht mehr ausreichend, der Methode `open()` einen Dateipfad als String zu übergeben um ein Dokument in Photoshop zu öffnen. Mithilfe der `getEntryWithUrl()`-Methode aus dem uxp-Modul ist eine vorherige Erstellung einer Referenz zur jeweiligen Datei – ggf. gemeinsam mit den benötigten Dateirechten – zu gewährleisten.

Wie zuvor erwähnt, ist der Prozess der *g3)* Generierung eines Assets mithilfe Illustrator in diesem Fallbeispiel nicht realisierbar, da zum gegenwärtigen Zeitpunkt UXP-Erweiterungen für Illustrator nicht entwickelt werden können.

Ergänzende und vertiefende Literatur

- Adobe (2023) UXP for Adobe InDesign. https://developer.adobe.com/indesign/uxp
- Adobe (2023) UXP for Adobe Photoshop, Documentation. https://developer.adobe.com/photoshop/uxp/2022
- Barranca D (2021) Adobe UXP Plugins Development with React JS.

Adobe InDesign Server

12

Zusammenfassung

Für die Verarbeitung von komplexen Layoutvorlagen und die vielfache Generierung grafischer Assets eignet sich der Einsatz von Adobe InDesign Server. Diese Anwendung ist nicht in der CC-Produktfamilie enthalten, sondern kann separat von Enterprise-Kunden lizenziert werden. Aus der Adobe-Produktfamilie ist InDesign die einzige Anwendung, zu der eine Server-Variante existiert.

12.1 Einführung

Für die Verarbeitung von komplexen Layoutvorlagen und die vielfache Generierung grafischer Assets, aber auch für die Erstellung ganzer Druck-Erzeugnisse wie Kataloge und Zeitschriften, eignet sich der Einsatz von Adobe InDesign Server. Diese Anwendung ist nicht in der CC-Produktfamilie enthalten, sondern kann separat von Enterprise-Kunden lizenziert werden. Aus der Adobe-Produktfamilie ist InDesign die einzige Anwendung, zu der eine Server-Variante existiert. Der entscheidende Unterschied zwischen der Server- und der Client-Variante von InDesign ist die Möglichkeit, auf einer Maschine mehrere InDesign-Instanzen gleichzeitig ausführen zu können. InDesign Server bietet keine Benutzeroberfläche an und wird wie in Abb. 12.1 dargestellt lediglich über die Kommandozeile gesteuert, wodurch jegliche grafische Darstellung entfällt und somit deutlich an Ressourcen gespart wird. Darüber hinaus verfügt die Server-Variante über alle Funktionen und Technologien wie die Unterstützung für XML und Skripte und ist aus Sicht des Funktionsumfangs identisch mit der Client-Variante.

E. Gündoğan, *Robotic Process Automation (RPA) im Desktop-Publishing*, https://doi.org/10.1007/978-3-658-46622-0_12

```
● ● ●    ⌂ enigun — InDesignServer.command — InDesignServer ‹ InDesignServer.command — 102×24
================================================================================
 .  InDesign Server Version 15.0.2 Evaluation
 .  Copyright 1999–2019 Adobe Inc. and its licensors.
 .  All rights reserved. See the other legal notices in the ReadMe.
================================================================================
Sun Nov 21 15:24:45 2021 INFO   [server] Initialising
Sun Nov 21 15:24:45 2021 INFO   [server] Loading the application
Sun Nov 21 15:24:45 2021 INFO   [server] Restoring Object Model
Sun Nov 21 15:24:45 2021 INFO   [server] Scanning for plug-ins
Sun Nov 21 15:24:45 2021 INFO   [server] Initialising plug-ins
Sun Nov 21 15:24:45 2021 INFO   [server] Starting up Service Registry
Sun Nov 21 15:24:46 2021 INFO   [server] Executing startup services
Sun Nov 21 15:24:46 2021 INFO   [server] Using configuration configuration_noport
Sun Nov 21 15:24:46 2021 INFO   [server] Initialising Application
Sun Nov 21 15:24:46 2021 INFO   [server] Completing Initialisation
Sun Nov 21 15:24:47 2021 INFO   [server] Image previews are off
Sun Nov 21 15:24:47 2021 INFO   [server] Server Running
Sun Nov 21 15:24:47 2021 INFO   [javascript] Executing File: /Applications/Adobe InDesign Server 2020/
Scripts/startup scripts/ConnectInstancesToESTK.js
Sun Nov 21 15:24:47 2021 INFO   [javascript] Executing File: /Applications/Adobe InDesign Server 2020/
Scripts/converturltohyperlink/startup scripts/ConvertURLToHyperlinkMenuItemLoader.jsx
Sun Nov 21 15:24:47 2021 INFO   [javascript] Executing File: /Applications/Adobe InDesign Server 2020/
Scripts/converturltohyperlink/ConvertURLToHyperlinkMenuItem.jsxbin
```

Abb. 12.1 Eine über die Kommandozeile ausgeführte InDesign-Server-Instanz

12.2   Erste Schritte

InDesign Server ist über das Netzwerkprotokoll Simple Object Access Protocol (SOAP) ansprechbar und kann über dieses Protokoll ebenso mit weiteren Anwendungen kommunizieren. So können beispielsweise Daten von einer serverseitigen Middleware abgerufen sowie strukturiert und nachträglich an InDesign Server zur eigentlichen Generierung grafischer Assets weitergegeben werden. Nach der Durchführung der Automatisierungsaufgabe kann InDesign Server die clientseitige Middleware über die Erledigung unterrichten. Somit kann die Server-Middleware mit der clientseitigen DTP-Middleware kommunizieren und den Anwender über die Finalisierung seiner Anfrage informieren.

Ein exemplarisches Beispiel eines solchen Anwendungsfalls wird in Abb. 12.2 dargestellt. Die clientseitige Middleware *MW Client* kommuniziert nach einer Benutzerinteraktion mit der serverseitigen Middleware *MW Server*. Je nach Prozesstyp wird entweder die erste InDesign-Server-Instanz *job A* angesprochen oder die zweite *job B*. Nach Abschluss des jeweiligen Prozesses trägt die Server-Middleware das Ergebnis an die Client-Middleware weiter.

Selbstverständlich kann InDesign Server auch eigenständig und ohne Kommunikation zwischen Client und Server eingesetzt werden. Das Thema Client-Server-Kommunikation wird in Kap. 14 näher beschrieben.

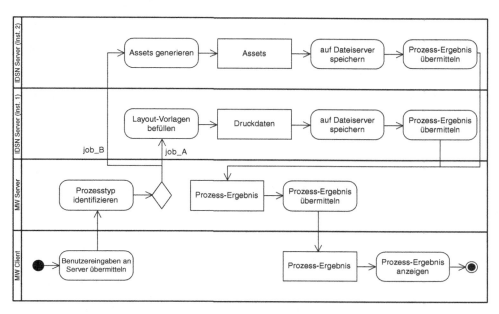

Abb. 12.2   Fallbeispiel: DTP-Automatisierung mit InDesign Server

Ergänzende und vertiefende Literatur

- Adobe (2024) InDesign Server SDK Documentation. https://developer.adobe.com/console/servicesandapis

Sonstige Werkzeuge

13

Zusammenfassung

Für einfachere Automatisierungsaufgaben stellt Adobe in ihren Anwendungen diverse Funktionen zur Verfügung. Diese richten sich vor allem an Anwender ohne Programmierkenntnisse und können mit wenig Aufwand konfiguriert und genutzt werden. Zu diesen Funktionen gehören Aktionen in Photoshop und Illustrator, sowie der Skriptereignis-Manager und Bildprozessor in Photoshop.

13.1 Einführung

Für einfachere Automatisierungsaufgaben stellt Adobe in ihren Anwendungen diverse Funktionen zur Verfügung. Diese richten sich vor allem an Anwender ohne Programmierkenntnisse und können mit wenig Aufwand konfiguriert und genutzt werden. Einige dieser Funktionen werden nachfolgend beschrieben.

13.2 Aktionen

Der Einsatz von sogenannten Aktionen eignet sich für kleinere Routineaufgaben im Artwork. Die Idee hinter Aktionen in Adobes CC-Anwendungen ähnelt der von Anwendungsmakros und dient dazu, manuelle Benutzerinteraktionen in einer der unterstützten Anwendungen – darunter Photoshop und Illustrator, jedoch nicht InDesign – aufzuzeichnen und für den späteren Gebrauch bereitzustellen. Wird eine Aktion ausgeführt, werden die einzelnen Schritte exakt wiederholt, die zuvor während der manuellen Benutzerinteraktion aufgezeichnet worden sind. Im Nachhinein können die Schritte je

© Der/die Autor(en), exklusiv lizenziert an Springer Fachmedien Wiesbaden GmbH, ein Teil von Springer Nature 2025
E. Gündoğan, *Robotic Process Automation (RPA) im Desktop-Publishing*,
https://doi.org/10.1007/978-3-658-46622-0_13

Abb. 13.1 *Aktionen*-Panel in
Photoshop

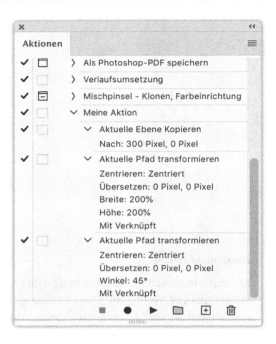

nach Bedarf beliebig bearbeitet und angeordnet werden. Ebenso können den Aktionen
benutzerdefinierte Tastenkürzel zugewiesen werden. Zusätzlich können in Photoshop
mit dem Skriptereignis-Manager – beschrieben im nächsten Abschnitt – Aktionen mit
bestimmten Anwendungsereignissen gekoppelt werden. Das *Aktionen*-Panel lässt sich in
Photoshop und Illustrator mit *Fenster→Aktionen* einblenden.

In Abb. 13.1 ist das *Aktionen*-Panel in Photoshop dargestellt, welches eine aus drei
Schritten bestehende Aktion mit der Bezeichnung *Meine Aktion* enthält. Nach Ausführung
dieser Aktion wird zunächst die aktuelle Ebene dupliziert und das Duplikat um 300 Pixel
nach rechts verschoben. Nachträglich wird diese auf die doppelte Größe skaliert und um
45 Grad im Uhrzeigersinn gedreht.

13.3   Skriptereignis-Manager

Photoshop bietet mit dem *Skriptereignis-Manager* die Möglichkeit, bestimmte Ereignisse wie beispielsweise das Öffnen oder Erstellen von Dokumenten oder das Starten der Anwendung mit Skripten oder Aktionen zu koppeln und diese automatisch

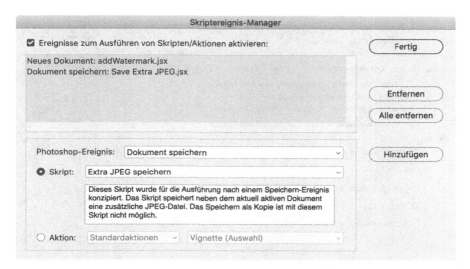

Abb. 13.2 *Skriptereignis-Manager* in Photoshop

auszuführen. Das in Abb. 13.2 dargestellte Beispiel ermöglicht das Ausführen einen benutzerdefinierten Skripts *addWatermark.jsx* beim Erstellen eines neuen Dokuments. Weiterhin wird beim Speichern eines Dokuments das von Adobe mitgelieferte Skript *Save Extra JPEG.jsx* ausgeführt. Der *Skriptereignis-Manager* lässt sich in Photoshop mit *Datei→Skripte→Skriptereignis-Manager...* einblenden.

13.4 Bildprozessor

Mit dem in Abb. 13.3 dargestellten *Bildprozessor* in Photoshop können mehrere Bilddateien nacheinander bearbeitet und in diversen Wunschformaten gespeichert werden. Neben der Auswahl des Quell- und Zielpfads können weitere Einstellungen vorgenommen werden. So können beispielsweise Bilder auf eine bestimmte Größe skaliert, mit einer Aktion prozessiert und in einem bestimmten Dateiformat gespeichert werden. Der *Bildprozessor* lässt sich in Photoshop mit *Datei→Skripte→Bildprozessor...* einblenden.

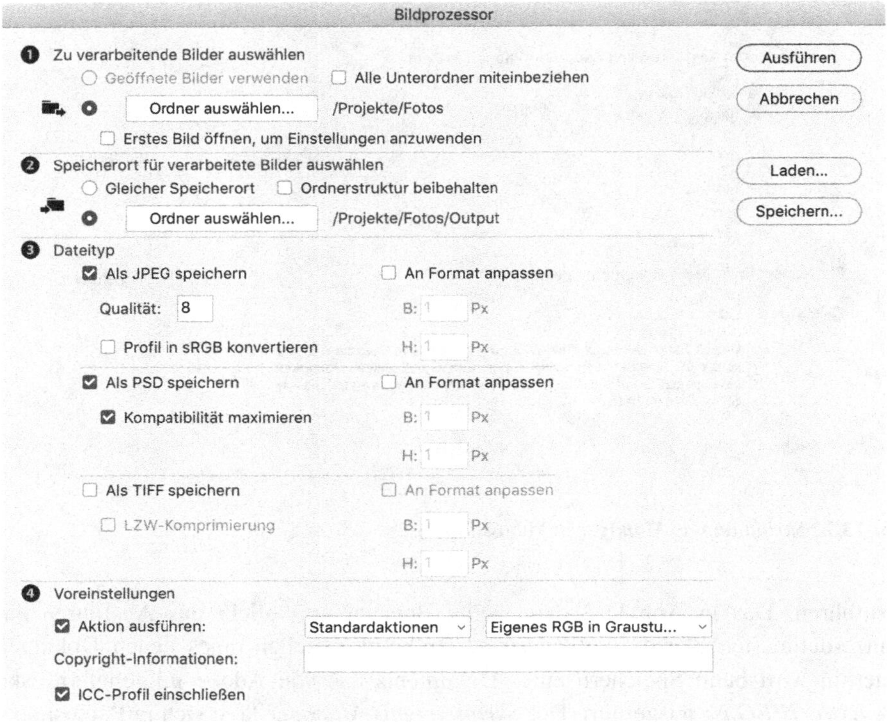

Bildprozessor

❶ Zu verarbeitende Bilder auswählen

    ○ Geöffnete Bilder verwenden   ☐ Alle Unterordner miteinbeziehen

    ○   [Ordner auswählen...]   /Projekte/Fotos

    ☐ Erstes Bild öffnen, um Einstellungen anzuwenden

❷ Speicherort für verarbeitete Bilder auswählen

    ○ Gleicher Speicherort   ☐ Ordnerstruktur beibehalten

    ○   [Ordner auswählen...]   /Projekte/Fotos/Output

❸ Dateityp

    ☑ Als JPEG speichern   ☐ An Format anpassen

      Qualität: 8   B: 1 Px

      ☐ Profil in sRGB konvertieren H: 1 Px

    ☑ Als PSD speichern   ☐ An Format anpassen

      ☑ Kompatibilität maximieren B: 1 Px

                     H: 1 Px

    ☐ Als TIFF speichern   ☐ An Format anpassen

      ☐ LZW-Komprimierung   B: 1 Px

                     H: 1 Px

❹ Voreinstellungen

    ☑ Aktion ausführen: [Standardaktionen ⌄] [Eigenes RGB in Graustu... ⌄]

    Copyright-Informationen: [   ]

    ☑ ICC-Profil einschließen

[Ausführen]

[Abbrechen]

[Laden...]

[Speichern...]

Abb. 13.3 *Bildprozessor* in Photoshop

Client-Server-Kommunikation

14

Zusammenfassung

Es ist empfehlenswert, einen Großteil der Prozesse serverseitig zu erledigen und auf dem Client so wenig Datenverarbeitungs- und Automatisierungsaufgaben wie möglich durchzuführen, sodass der Anwender aus Performance-Sicht keine Abstriche machen muss. Dennoch ist während der Realisierung einer Softwareinfrastruktur zur DTP-Automatisierung stets der Aufwand zu hinterfragen, den ein Prozess beansprucht, um entscheiden zu können, ob dieser für den Client oder für den Server geeignet ist. Layouts und grafische Assets, die wiederholt verwendet werden und sich überwiegend vom Inhalt und weniger vom Design unterscheiden, können in Form von Vorlagen auf einem zentralen Dateiserver für die Mehrfachverwendung bereitgestellt werden.

14.1 Einführung

In der Theorie können alle Teilprozesse und Zwischenschritte der Automatisierung direkt auf dem Client durchgeführt werden. In der Praxis ist es jedoch empfehlenswert, einen Großteil der Prozesse serverseitig zu erledigen und auf dem Client so wenig Datenverarbeitungs- und Automatisierungsaufgaben wie möglich durchzuführen, sodass der Anwender aus Performance-Sicht keine Abstriche machen muss. In solchen Anwendungsfällen ist innerhalb der IT-Infrastruktur der Client diejenige Instanz, die in Server ausgelagerte, komplexe Automatismen ansteuert. Ressourcenintensive Aufgaben werden so auf Server-Ebene getätigt. Dies gilt insbesondere für diejenigen Prozesse, die eine hohe Rechenleistung in Anspruch nehmen, beispielsweise die Datenverarbeitung aus unterschiedlichen Quellen wie Datenbanken und das Generieren mehrerer grafischer Assets.

© Der/die Autor(en), exklusiv lizenziert an Springer Fachmedien Wiesbaden GmbH, ein Teil von Springer Nature 2025
E. Gündoğan, *Robotic Process Automation (RPA) im Desktop-Publishing*,
https://doi.org/10.1007/978-3-658-46622-0_14

Demnach ist während der Realisierung einer Softwareinfrastruktur zur DTP-Automatisierung stets der Aufwand zu hinterfragen, den ein Prozess beansprucht, um entscheiden zu können, ob dieser für den Client oder für den Server geeignet ist. Arbeiten mehrere Clients mit einer solchen Server-Lösung, ist es zudem empfehlenswert, für eingehende Automatisierungsaufgaben eine Warteschlange in Form einer serverseitigen Middleware einzusetzen, um Aufgaben nacheinander und ohne Kollision untereinander bearbeiten zu können. Ein weiterer Vorteil, den die Auslagerung von Teilprozessen auf die Server-Ebene mit sich bringt, ist die Fehlerreduzierung, da theoretisch jeder Client individuelle Fehlertypen generieren kann. Liegen Prozesse auf Server-Ebene, so findet im Falle eines Systemversagens die Fehlersuche und -behebung (Debugging) lediglich an einer Stelle statt. Dies reduziert den Aufwand für die Fehlerbehebung und die Wartung direkt am Client.

14.2   Layout-Vorlagen

Layouts und grafische Assets, die wiederholt verwendet werden und sich überwiegend vom Inhalt und weniger vom Design unterscheiden, können in Form von Vorlagen auf einem zentralen Dateiserver für die Mehrfachverwendung bereitgestellt werden. Die Vorlagen können Platzhalter und Schlüsselwörter enthalten, die in späteren automatisierten Artwork-Prozessen mit Echtdaten aus unterschiedlichen Datenquellen gefüllt werden. Die Befüllung des Layouts kann je nach Komplexität entweder mithilfe einer Softwareerweiterung, beispielsweise eines Plug-ins, oder mithilfe von XML-Imports – eine Methode, die eine vorherige Zuweisung von XML-Tags an Objekte und Texten voraussetzt – realisiert werden. Der Vorteil bei diesem Vorgehen ist, dass Vorlagen auch von Nichtprogrammierern nachträglich und ohne Beeinträchtigung der Automatismen verändert werden können – IT- und designrelevante Änderungen bleiben so voneinander strikt getrennt.

14.3   Notifikationen

In einigen Fällen kann es notwendig sein, dass der Anwender über den Status eines serverseitig automatisierten Vorgangs nach Durchführung des Prozesses benachrichtigt werden muss. Dazu ist eine Verknüpfung zwischen der serverseitigen Middleware und einem Messaging-Dienst, der die Nachrichten versenden soll, hilfreich. Die Server-Client-Kommunikation kann sowohl über eine eigens entwickelte Node.js-Anwendung als auch über Kollaborationsanwendungen wie Slack oder MS Teams realisiert werden. In Abb. 14.1 ist ein Beispiel dargestellt, wie Slack dazu genutzt werden kann, um den Anwender über serverseitige Prozess-Status zu informieren.

Abb. 14.1 Slack-
Benachrichtigung über
serverseitige Ereignisse

 Server 22:55 Uhr
Job-Nr.: #2311
Prozess: Asset-Generierung
Status: **Fertiggestellt**
Pfad: /Volumes/FILESERVER/IDSNS_Jobs/2311

14.4 Middleware-Einsatz

Serverseitige Automatismen, die vonseiten des Anwenders softwarebasiert ausgelöst werden sollen, können in Form einer Middleware bereitgestellt werden. Hierbei sind das UI und die UX der Softwarelösung abzuwägen, um dem Anwender eine möglichst intuitive Möglichkeit anzubieten, diese Automatismen zu bedienen. Die Anzahl der Benutzerabfragen innerhalb der Softwarelösung ist auf das notwendigste Minimum zu reduzieren. Die Middleware kann sowohl in Form einer nativen macOS- oder Windows-Anwendung – beispielsweise mithilfe des Frameworks Electron – als auch in Form einer in die DTP-Anwendung integrierten Erweiterung realisiert werden. Für Adobe-Anwendungen eignet sich hierbei der Einsatz der in vorherigen Kapiteln beschriebenen Adobe-Technologien, z. B. CEP. So ist es beispielsweise möglich, dem Anwender ein Adobe-Panel anzubieten, womit die einzelnen automatisierten Artwork-Prozesse durchgeführt werden können. Somit ist ein Wechsel in eine andere Anwendung für die Steuerung der Automatismen nicht nötig.

Datenbanken und Anwendungssysteme   15

Zusammenfassung

Für die Erstellung von Inhalten im Rahmen des DTP können Daten nicht nur von einer einzigen Datenquelle bezogen werden, sondern auch von diversen weiteren Quellen wie Datenbanken geliefert werden. Die Verknüpfung zwischen diesen Datenquellen und den Layouts kann durch eine Middleware oder ein Plug-in innerhalb der DTP-Anwendung hergestellt werden. Kommen im Rahmen der DTP-Automatisierung mehrere Datenquellen zum Einsatz, kann der Extract-Transform-Load(ETL)-Prozess in Betracht gezogen werden. Weiterhin können alle Softwareaktivitäten in Dateien oder Datenbanken in Form von Protokollen festgehalten und später sowohl zum Zweck der Softwareoptimierung als auch für statistische Zwecke analysiert und verwendet werden. Entdecken Entwickler ein bestimmtes Muster innerhalb der Protokolle, so kann dieses Muster als eine neue Automatisierungsregel definiert werden.

15.1 Einführung

Für die Erstellung von Inhalten im Rahmen des DTP können Daten nicht nur von einer einzigen Datenquelle bezogen werden, sondern auch von diversen weiteren Quellen geliefert werden. Dazu gehören Datenbankmanagementsysteme (DBMS), die die Kommunikation zwischen einer DTP-Anwendung und einer Datenbank mithilfe SQL ermöglichen. Dazu zählen sowohl relationale DBMS wie MySQL als auch nicht relationale DBMS, auch NoSQL genannt, und weitere Anwendungssysteme, die den Datenaustausch über eine entsprechende Schnittstelle bzw. mithilfe eines entsprechenden Representational State Transfer(REST)-API ermöglichen. Auch CMS können als Datenlieferanten eingesetzt werden. Die Verknüpfung zwischen diesen Datenquellen und den Layouts kann durch eine

E. Gündoğan, *Robotic Process Automation (RPA) im Desktop-Publishing*,
https://doi.org/10.1007/978-3-658-46622-0_15

Middleware oder ein Plug-in innerhalb der DTP-Anwendung – zuvor im Fallbeispiel in Abschn. 10.7 behandelt und in Abb. 10.12 dargestellt – hergestellt werden. Diese Middleware kann zunächst Daten aus den Quellen auslesen und nachträglich in entsprechende Platzhalter in Layoutvorlagen einsetzen.

15.2   Extract-Transform-Load(ETL)-Prozess

Kommen im Rahmen der DTP-Automatisierung mehrere Datenquellen zum Einsatz, kann der ETL-Prozess in Betracht gezogen werden (s. Abb. 15.1). Der ETL-Prozess konsolidiert multiple Datenquellen zu einer Quelle und besteht aus den drei Teilprozessen des Extrahierens von Daten aus einer fremden Datenquelle (Extract), des Transformierens dieser Daten in ein vordefiniertes Schema (Transform) und des Ladens in die zentrale Datenquelle (Load). Mit einer zunehmenden Anzahl neuer IT-Systeme steigt auch die Anzahl der Datenquellen und somit das Potenzial für die Entstehung zahlreicher Datenredundanzen und -duplikate. Der ETL-Prozess beugt nicht nur der Entstehung dieser überflüssigen

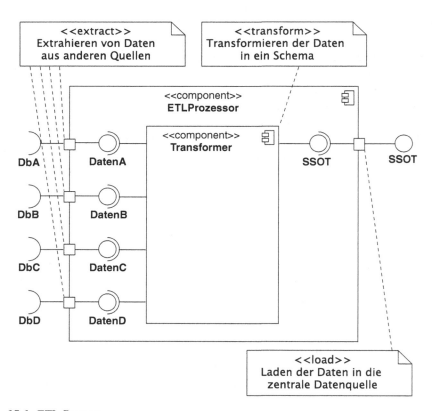

Abb. 15.1 ETL-Prozess

Daten vor, sondern stellt eine performante, zentralisierte Datenquelle – eine ‚Single Source of Truth' (SSOT) – zur Verfügung. Unter den drei ETL-Teilprozessen beansprucht der Transformationsprozess den meisten Aufwand. Dies liegt unter anderem daran, dass wenn in diesem Prozess ein Fehler auftritt, die Transformationsregeln angepasst werden müssen und der gesamte Transformationsprozess wiederholt werden muss. Realisiert werden können ETL-Prozesse sowohl mit eigenständig entwickelten Softwarelösungen als auch mit im Markt verfügbaren Systemen wie Talend Data Integration (TDI), Pentaho Data Integration (PDI), Informatica Data Integration (IDI) oder MS SQL Server Integration Services (SSIS).

15.3 Protokollierung

Alle Anwender-Middleware-Interaktionen bzw. die Softwareaktivitäten, dazu zählen von dem Anwender manuell eingegebene Daten und durch Buttons getätigte Asset-Generierungen, können in Dateien oder Datenbanken in Form von Protokollen bzw. Logs festgehalten und später sowohl zum Zweck der Softwareoptimierung als auch für statistische Zwecke analysiert und verwendet werden. Je nach Anzahl der Anwender und den Anwendungsfällen kann sich so eine große Datenmenge zu Big Data formen. Für die weitere Optimierung der Automatismen spielen insbesondere die von dem Anwender manuell eingegebenen Daten eine wesentliche Rolle. Diese Benutzererfahrung kann deutlich dazu beitragen, RPA-Automatismen zur nächsten Stufe – den CPA-Automatismen – zu entwickeln. Entdecken Entwickler bzw. Projektbeteiligte ein bestimmtes Muster innerhalb der Protokolle, so kann dieses Muster als eine neue Automatisierungsregel definiert werden. Ein Anwendungsfall, der ursprünglich eine manuelle Interaktion vonseiten des Anwenders erfordert, kann so vollständig automatisiert werden. Schrittweise können auf diese Weise insbesondere Teilautomatismen, d. h. Automatismen, die einer menschlichen Eingabe bedürfen, zu einem eigenständig funktionierenden Vollautomatismus weiterentwickelt werden. Anders ausgedrückt: Gelingt es Automatismen nicht, bei bestimmten Vorgängen eigenständig Entscheidungen zu treffen (wenn beispielsweise zu einer Problemstellung mehrere mögliche Vorgehensweisen gegeben sind), so kann der Anwender diese Fälle lösen. Auf diese Weise lernen Automatismen zeitgleich, wie sie bei einem Wiederholungsfall vorzugehen haben. Schrittweise kommen Automatismen so mit einer zunehmenden Anzahl von Fällen zurecht und nähern sich den vollständig eigenständigen Entscheidungsfindungen bei Problemen, dem CPA.

Anbindung an Prozessmanagement-Anwendungen

16

Zusammenfassung

Anwendungen zur Automatisierung können nicht nur von Nutzern, sondern auch von anderen Anwendungen ausgelöst werden. Ein Statuswechsel eines Arbeitsablaufs in einer Prozessmanagement-Anwendung kann gleichzeitig als Trigger eines Automatismus definiert werden. Dies eignet sich insbesondere für die automatisierten Artwork-Prozesse, die einen hohen Zeitaufwand haben, beispielsweise die Generierung hunderter grafischer Assets, die auf ein spezifisches Projekt zugeschnitten sind und über Nacht durchgeführt werden kann.

16.1 Einführung

Anwendungen zur Automatisierung können nicht nur von Nutzern, sondern auch von anderen Anwendungen ausgelöst werden. Geeignete Anwendungstypen zum Steuern und Auslösen von Automatismen sind Anwendungen für das Prozessmanagement – auch Business Process Management (BPM) oder Geschäftsprozessmanagement (GPM) – wie beispielsweise monday.com, Wrike, Process Street oder Jira. Hierbei kann ein Statuswechsel eines Arbeitsablaufs gleichzeitig als Auslöser bzw. Trigger eines Automatismus definiert werden. Ein exemplarischer Geschäftsprozess ist in Abb. 16.1 dargestellt. In diesem Beispiel ist ein Automatismus in einen Geschäftsprozess integriert und wird durch einen bestimmten Statuswechsel – hier Projektstart – ausgelöst. Nach Durchführung des Automatismus – beispielsweise die Generierung umfangreicher Assets – wird der Status auf Artwork gesetzt.

Um einen Status mit einem Automatismus zu koppeln ist eine Kommunikation zwischen der jeweiligen BPM-Anwendung und dem Automatismus notwendig, beispiels-

E. Gündoğan, *Robotic Process Automation (RPA) im Desktop-Publishing*, https://doi.org/10.1007/978-3-658-46622-0_16

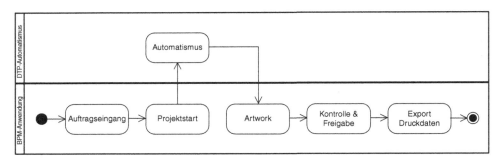

Abb. 16.1 Beispiel-Geschäftsprozess mit einem integrierten Automatismus

weise über Webhooks. Dies eignet sich insbesondere für die automatisierten Artwork-Prozesse, die einen hohen Zeitaufwand haben, beispielsweise die Generierung hunderter grafischer Assets, die auf ein spezifisches Projekt zugeschnitten sind und über Nacht durchgeführt werden kann. Ebenso entfällt bei einem solchen Vorgang die Interaktion zwischen dem Anwender und Automatismus – der automatisierte Prozess findet im Hintergrund statt, ohne dass der Anwender diesen wahrnimmt.

Literaturverzeichnis

1. Abolhassan F, Kellermann J (2016) Effizienz durch Automatisierung: Das „Zero Touch"-Prinzip im IT-Betrieb. https://doi.org/10.1007/978-3-658-10644-7
2. Adobe (2012) Adobe & Packaging – An Environmental Case Study of the Creative Suite Family.
3. Adobe (2012) Adobe InDesign Markup Language (IDML) Cookbook.
4. Adobe (2012) Getting Started with Adobe InDesign CS6 Plug-in Development.
5. Adobe (2012) Introduction to Adobe InDesign CS6 Server Development.
6. Adobe (2020) Adobe Photoshop AppleScript Scripting Reference. https://github.com/Adobe-CEP/CEP-Resources/tree/master/Documentation/Product%20specific%20Documentation/Photoshop%20Scripting
7. Adobe (2020) Adobe Photoshop JavaScript Scripting Reference. https://github.com/Adobe-CEP/CEP-Resources/tree/master/Documentation/Product%20specific%20Documentation/Photoshop%20Scripting
8. Adobe (2020) Adobe Photoshop Scripting Guide. https://github.com/Adobe-CEP/CEP-Resources/tree/master/Documentation/Product%20specific%20Documentation/Photoshop%20Scripting
9. Adobe (2020) Adobe Photoshop VBScript Scripting Reference. https://github.com/Adobe-CEP/CEP-Resources/tree/master/Documentation/Product%20specific%20Documentation/Photoshop%20Scripting
10. Adobe (2020) MAX Sneaks 2020 – Ein Festival der Kreativität und Innovation. https://blog.adobe.com/de/publish/2020/10/22/2020-10-adobe-max-2020-sneaks-kreativitaet-innovation
11. Adobe (2022) Adobe Illustrator 2022 Programmer's Guide.
12. Adobe (2022) ExtendScript Debugger. https://marketplace.visualstudio.com/items?itemName=Adobe.extendscript-debug
13. Adobe (2022) Getting Started with Adobe Illustrator 2022 Development.
14. Adobe (2023) Adobe Illustrator 2024 Scripting Reference: AppleScript. https://developer.adobe.com/console/servicesandapis
15. Adobe (2023) Adobe Illustrator 2024 Scripting Reference: JavaScript. https://developer.adobe.com/console/servicesandapis
16. Adobe (2023) Adobe Illustrator 2024 Scripting Reference: VBScript. https://developer.adobe.com/console/servicesandapis
17. Adobe (2023) Automatisierung. https://helpx.adobe.com/content/help/de/de/indesign/automation.html

18. Adobe (2023) Bearbeiten von Text. https://helpx.adobe.com/content/help/de/de/indesign/using/editing-text.html

19. Adobe (2023) Die Highlights der Adobe MAX 2023 – Firefly ist die Zukunft. https://page-online.de/dm-native-advert/die-highlights-der-adobe-max-2023-firefly-ist-die-zukunft

20. Adobe (2023) Importieren von XML-Daten. https://helpx.adobe.com/content/help/de/de/indesign/using/importing-xml.html

21. Adobe (2023) InDesign Scripting SDK Documentation. https://developer.adobe.com/console/servicesandapis

22. Adobe (2023) InDesign SDK Documentation. https://developer.adobe.com/console/servicesandapis

23. Adobe (2023) InDesign-Benutzerhandbuch. https://helpx.adobe.com/content/help/de/de/indesign/user-guide.html

24. Adobe (2023) Photoshop Plug-In and Connection SDK. https://developer.adobe.com/console/servicesandapis

25. Adobe (2023) Strukturieren von Dokumenten für XML. https://helpx.adobe.com/content/help/de/de/indesign/using/structuring-documents-xml.html

26. Adobe (2023) UXP for Adobe InDesign. https://developer.adobe.com/indesign/uxp

27. Adobe (2023) UXP for Adobe Photoshop, Documentation. https://developer.adobe.com/photoshop/uxp/2022

28. Adobe (2023) Versehen von Inhalten mit Tags für XML. https://helpx.adobe.com/content/help/de/de/indesign/using/tagging-content-xml.html

29. Adobe (2023) Verwalten von Grafikverknüpfungen. https://helpx.adobe.com/content/help/de/de/indesign/using/graphics-links.html

30. Adobe (2024) Adobe CEP. https://github.com/Adobe-CEP

31. Adobe (2024) Illustrator SDK. https://developer.adobe.com/console/servicesandapis

32. Adobe (2024) InDesign Server SDK Documentation. https://developer.adobe.com/console/servicesandapis

33. Adobe (2024) Willkommen beim Illustrator-Benutzerhandbuch. https://helpx.adobe.com/content/help/de/de/illustrator/user-guide.html

34. Adobe (2024) Willkommen beim Photoshop-Benutzerhandbuch. https://helpx.adobe.com/content/help/de/de/photoshop/user-guide.html

35. Aichele C, Schönberger M (2014) App4U: Mehrwerte durch Apps im B2B und B2C. https://doi.org/10.1007/978-3-8348-2436-3

36. Aksu M (2017) Adobe InDesign: Drei smarte Wege, InDesign-Vorlagen für dein Business zu nutzen. https://manuela-aksu.de/indesign-vorlagen

37. Apple Computer (1991) MacOS System 7.0.1 Compilation.

38. Arntz M, Gregory T, Zierahn U (2020) Digitalisierung und die Zukunft der Arbeit. Wirtschaftsdienst 100:41–47. https://doi.org/10.1007/s10273-020-2614-6

39. ArtworkAbode (2015) The History of Desktop Publishing and Its Expanding Scope. https://www.artworkabode.com/blog/the-history-of-desktop-publishing-and-its-expanding-scope

40. Atlassian (2024) The Jira Cloud platform REST API. https://developer.atlassian.com/cloud/jira/platform/rest/v3/intro/#about

41. Atlassian (2024) Webhooks. https://developer.atlassian.com/cloud/jira/platform/webhooks

42. AtroCore (2024) REST API. https://help.atrocore.com/developer-guide/rest-api

43. Baeseler F, Heck B (1989) Desktop Publishing – Gestaltung. McGraw-Hill, Hamburg

44. Barranca D (2017) Adobe Photoshop HTML Panels Development. Leanpub

45. Barranca D (2020) Adobe UXP: Things you need to know! #1 Rundown on the UXP announcement. https://www.davidebarranca.com/development/Adobe-UXP-things-you-need-to-know.html

46. Barranca D (2021) Adobe UXP Plugins Development with React JS.
47. Barton T, Müller C, Seel C (2017) Geschäftsprozesse: Von der Modellierung zur Implementierung. https://doi.org/10.1007/978-3-658-17297-8
48. Barton T, Müller C, Seel C (2018) Digitalisierung in Unternehmen: Von den theoretischen Ansätzen zur praktischen Umsetzung. https://doi.org/10.1007/978-3-658-22773-9
49. Baturay MH, Birtane M (2013) Responsive Web Design: A New Type of Design for Web-based Instructional Content. Procedia, social and behavioral sciences 106:2275–2279. https://doi.org/10.1016/j.sbspro.2013.12.259
50. Baumann HD, Klein M (1992) Desktop Publishing: Typografie und Layout. Falken, Niedernhausen/Ts
51. Baur N, Blasius J (2019) Handbuch Methoden der empirischen Sozialforschung, 2., vollständig überarbeitete und erweiterte Auflage. Springer VS, Wiesbaden
52. Becher M (2022) XML. Springer Fachmedien Wiesbaden, Wiesbaden
53. Böhringer J, Bühler P, Schlaich P, Sinner D (2014) Kompendium der Mediengestaltung. https://doi.org/10.1007/978-3-642-54581-8
54. Bowman JP, Renshaw DA (1989) Desktop Publishing: Things Gutenberg Never Taught You. The Journal of Business Communication (1973) 26:57–77. https://doi.org/10.1177/002194368902600105
55. Brekalo S, Pap K, Stanić N (2016) Optimisation of Automatic Variable Graphic Layout and Imposition. Tehnički vjesnik. https://doi.org/10.17559/TV-20140312131425
56. Brettschneider J (2020) Bewertung der Einsatzpotenziale und Risiken von Robotic Process Automation. HMD 57:1097–1110. https://doi.org/10.1365/s40702-020-00621-y
57. Bruhn M, Hadwich K (2020) Automatisierung und Personalisierung von Dienstleistungen. https://doi.org/10.1007/978-3-658-30166-8
58. Buchkremer R, Heupel T, Koch O (2020) Künstliche Intelligenz in Wirtschaft & Gesellschaft: Auswirkungen, Herausforderungen & Handlungsempfehlungen. https://doi.org/10.1007/978-3-658-29550-9
59. Bundesverband Druck und Medien e.V. (2024) Mediengestalter/-in Digital und Print. https://www.bvdm-online.de/bvdm/branchenportal/ausbildung-weiterbildung/ausbildung/medi engestalter-in-digital-und-print
60. Burkhard Schallock, Holger Kohl, Julia-Anne Scholz, Thomas Knothe (2019) „Keine Angst vor Industrie 4.0!" Vier Maßnahmen zur Vorbereitung von Unternehmen auf die neuen Anforderungen menschlicher Arbeit in der Industrie 4.0. Industrie 40 Management 35:37–41
61. Business Wire (2018) Adobe Cloud Platform Innovation Showcased at Summit. https://www.businesswire.com/news/home/20180327005529/en/Adobe-Cloud-Platform-Innovation-Showca sed-at-Summit
62. Buxbaum H-J (2020) Mensch-Roboter-Kollaboration. https://doi.org/10.1007/978-3-658-28307-0
63. Clark P (2023) Photoshop veröffentlicht neuen Generative Expand-Workflow und globale Sprachunterstützung für Firefly-Funktionen. https://blog.adobe.com/de/publish/2023/07/27/ph otoshop-veroeffentlicht-neuen-generative-expand-workflow-und-globale-sprachunterstuetzung-fuer-firefly-funktionen
64. Cleary N (2003) Why Buy: Creative Suite. Printing World 284:21–22
65. CMO.com Team (2019) 5 Trends für die Zukunft der Kreativität. https://blog.adobe.com/de/publish/2019/12/04/5-trends-fur-die-zukunft-der-kreativitat
66. Collier D, Cotton B (1989) Designing for Desktop Publishing. New Burlington Books, London
67. Collin PH (2006) Dictionary of Publishing and Printing, 3rd ed. A. & C. Black, London
68. Consulting Fachmagazin (2024) Automatisierung: So verändert sich die Wirtschaft. https://www.consulting.de/artikel/automatisierung-so-veraendert-sich-die-wirtschaft

69. Coppieters K (2009) Adobe InDesign CS3/CS4 SDK Programming. Rorohiko Ltd.
70. Costin A (2023) The future is Firefly: Unlock new levels of creativity with the latest generative AI innovations. https://blog.adobe.com/en/publish/2023/10/10/future-is-firefly-adobe-max
71. Crocker S, Walden D (2019) Paul Brainerd, Aldus Corporation, and the Desktop Publishing Revolution. IEEE Annals Hist Comput 41:35–41. https://doi.org/10.1109/MAHC.2019.2920174
72. Crockford D (2019) JSON in JavaScript.
73. Czarnecki C, Bensberg F, Auth G (2019) Die Rolle von Softwarerobotern für die zukünftige Arbeitswelt. HMD 56:795–808. https://doi.org/10.1365/s40702-019-00548-z
74. Davis FE, Barry JA, Wiesenberg M, Langfeldt E (1986) Desktop Publishing. Dow Jones-Irwin, Homewood, Ill
75. Dengler K, Matthes B (2015) Folgen der Digitalisierung für die Arbeitswelt. IAB-Forschungsbericht 11/2015
76. Design Made in Germany (2020) Wie Künstliche Intelligenz die Industrie des Grafikdesigns verändert. https://www.designmadeingermany.de/weblog/kuenstliche-intelligenz-grafikdesign
77. Donick M (2020) Nutzerverhalten verstehen – Softwarenutzen optimieren: Kommunikationsanalyse bei der Softwareentwicklung. https://doi.org/10.1007/978-3-658-28963-8
78. Doppler K, Lauterburg C (2019) Change Management: den Unternehmenswandel gestalten, 14., aktualisierte Auflage. Campus Verlag, Frankfurt New York
79. Dove J (2012) Adobe Creative Suite 6 or Creative Cloud? Macworld 29:74–75
80. Duden (2018) Automat. https://www.duden.de/node/11663/revision/11690, https://www.duden.de/rechtschreibung/Automat
81. E-Commerce Magazin (2024) Firefly: Adobe zeigt die Zukunft von Kreativität und KI. https://www.e-commerce-magazin.de/firefly-und-creative-cloud-adobe-zeigt-die-zukunft-von-kreativitaet-und-ki-a-89e775b6c6952e55170eaa84e067f8b5
82. Eggert M, Moulen T (2020) Selektion von Geschäftsprozessen zur Anwendung von Robotic Process Automation am Beispiel einer Versicherung. HMD 57:1150–1162. https://doi.org/10.1365/s40702-020-00665-0
83. Eirich D (1990) Desk Top Publishing: die Druckerei auf ihrem Schreibtisch; Entwerfen, Gestalten, Drucken mit dem eigenen PC, Orig.-Ausg. Heyne, München
84. Erner M (2019) Management 4.0 – Unternehmensführung im digitalen Zeitalter. https://doi.org/10.1007/978-3-662-57963-3
85. Etherington D (2019) Adobe Photoshop arrives on the iPad. https://techcrunch.com/2019/11/04/adobe-photoshop-arrives-on-the-ipad
86. Fasel D, Meier A (2016) Big Data: Grundlagen, Systeme und Nutzungspotenziale. https://doi.org/10.1007/978-3-658-11589-0
87. Fellenz G (2015) InDesign automatisieren: keine Angst vor Skripting, GREP & Co, 2., aktualisierte und erweiterte Auflage. dpunkt.verlag, Heidelberg
88. Finnegan E (2019) A Case Study on Arranger: Making the Leap from CEP to UXP. https://blog.developer.adobe.com/a-case-study-on-arranger-making-the-leap-from-cep-to-uxp-c64227b6ea74
89. Flasche U, Posada-Medrano GD (1987) Das Desktop Publishing Handbuch. https://doi.org/10.1007/978-3-322-84003-5
90. Franken S (2019) Verhaltensorientierte Führung: Handeln, Lernen und Diversity in Unternehmen. https://doi.org/10.1007/978-3-658-25270-0
91. Friedl JEF (2006) Mastering Regular Expressions, Third edition. O'Reilly, Beijing Boston Farnham Sebastopol Tokyo
92. Fuchs A (2020) Announcing UXP in Photoshop. https://blog.developer.adobe.com/announcing-uxp-in-photoshop-288496ab5e3e

93. Gagern S (2018) Adobe Sensei: Adobe erklärt seine KI-Strategie. https://www.macwelt.de/article/973976/adobe-sensei-adobe-erklaert-seine-ki-strategie.html

94. Gamble G (2011) InDesign Automation Using XML & JavaScript. TrainingCompany.com, London, England

95. van Giffen B, Borth D, Brenner W (2020) Management von Künstlicher Intelligenz in Unternehmen. HMD Praxis der Wirtschaftsinformatik 57:4–20. https://doi.org/10.1365/s40702-020-00584-0

96. Gilbert Consulting (2014) A Brief History of Adobe InDesign.

97. Greenblatt M (2023) chromiumembedded. https://bitbucket.org/chromiumembedded/cef/wiki/GeneralUsage.md#markdown-header-cefclient

98. Großklaus RHG (2015) Positionierung und USP: Wie Sie eine Alleinstellung für Ihre Produkte finden und umsetzen. https://doi.org/10.1007/978-3-658-04588-3

99. Haisermann A, Rückershäuser P (2019) Chatbot, RPA und KI wachsen zusammen: Actbots automatisieren Standardtransaktionen. https://www.computerwoche.de/article/2784822/actbots-automatisieren-standardtransaktionen.html

100. Hall A (2014) CEP 5 Super Mega Guide: Extending Adobe Apps with HTML5+Node.js. https://fenomas.com/2014/08/cep-mega-guide-en

101. Heinrich B, Linke P, Glöckler M (2017) Grundlagen Automatisierung. https://doi.org/10.1007/978-3-658-17582-5

102. Heydon A, Nelson G (1994) The Juno-2 Constraint-Based Drawing Editor. Digital, Systems Research Center

103. Hierzer R (2017) Prozessoptimierung 4.0: den digitalen Wandel als Chance nutzen, 1. Auflage. Haufe Gruppe, Freiburg München Stuttgart

104. Holst A (2017) Adobe Creative Cloud Subscriptions 2024. https://www.statista.com/statistics/497176/adobe-creative-cloud-subscriptions

105. Hopkins SW (2009) Automating Adobe InDesign CS4 with ExtendScript. CreateSpace

106. Hoskins DJ (2013) XML and InDesign, First edition. O'Reilly, Beijing

107. i18next (2024) Introduction, i18next documentation. https://www.i18next.com

108. J. E. Warnock (2018) The Origins of PostScript. IEEE Annals of the History of Computing 40:68–76. https://doi.org/10.1109/MAHC.2018.033841112

109. J. Scull, H. Hsu (2019) The Killer App That Saved the Macintosh. IEEE Annals of the History of Computing 41:42–52. https://doi.org/10.1109/MAHC.2019.2918094

110. Jacobs C, Li W, Schrier E et al (2004) Adaptive Document Layout. Commun ACM 47:60–66. https://doi.org/10.1145/1012037.1012063

111. Janson M (2020) Infografik: Creative Cloud ist Umsatztreiber bei Adobe. https://de.statista.com/infografik/20868/umsatz-von-adobe-weltweit

112. Johari R, Marks J, Partovi A, Shieber S (1997) Automatic Yellow-Pages Pagination and Layout. Journal of Heuristics 2:321–342. https://doi.org/10.1007/BF00132503

113. John D (2021) 5 unbelievable tech sneaks from Adobe Max 2021. https://www.creativebloq.com/news/adobe-max-sneaks-2021

114. Kahrel P (2019) GREP in InDesign, Third edition. CreativePro Network, Woodinville, USA

115. Kahrel P (2019) JavaScript for InDesign, Second edition. CreativePro Network, Woodinville

116. Kahrel P (2019) JavaScript for InDesign, second edition. CreativePro network, Woodinville

117. Keizer G (2021) What Enterprise Needs to Know About Windows 11. Computerworld

118. Kharchenko A, Kleinschmidt T, Karla J (2018) Callcenter 4.0 – Wie verändern Spracherkennung, Künstliche Intelligenz und Robotic Process Automation die bisherigen Geschäftsmodelle von Callcentern. HMD 55:383–397. https://doi.org/10.1365/s40702-018-0405-y

119. Kielty C (2018) Complete list of AppleScript key codes. https://eastmanreference.com/complete-list-of-applescript-key-codes
120. Kletti J (2015) MES – Manufacturing Execution System: moderne Informationstechnologie unterstützt die Wertschöpfung, 2. Auflage. Springer Vieweg, Berlin Heidelberg
121. Kohn W, Öztürk R (2018) Mathematik für Ökonomen: Ökonomische Anwendungen der linearen Algebra und Analysis mit Scilab. https://doi.org/10.1007/978-3-662-57467-6
122. Konradin Business GmbH (2019) Digitale Assistenten erleichtern den Alltag. BA Beschaffung aktuell 11:28
123. Kraetke M (2022) Was bringt InDesigns neue UXP Scripting API? XPorc
124. Kreutzer RT, Sirrenberg M (2019) Künstliche Intelligenz verstehen. Springer Gabler, Wiesbaden
125. Kroker M (2020) Die Smartphone-Trends 2020: Zahl der Nutzer wächst um 300 Millionen auf 3,5 Milliarden. https://blog.wiwo.de/look-at-it/2020/05/13/die-smartphone-trends-2020-zahl-der-nutzer-waechst-um-300-millionen-auf-35-milliarden
126. Kuhn P, Karsten S (2018) Automatisierung: So hart wird die Zukunft in der Arbeitswelt. https://www.welt.de/wirtschaft/article181553478/Automatisierung-So-hart-wird-die-Zukunft-in-der-Arbeitswelt.html
127. Kynast F, Kleinert H (1988) Gestalten lernen mit Desktop Publishing. Gabler, Wiesbaden
128. Lardinois F (2023) Adobe Brings Firefly to the Enterprise. https://techcrunch.com/2023/06/08/adobe-brings-firefly-to-the-enterprise
129. Lohaus A (2018) Entwicklungspsychologie des Jugendalters. Springer, Berlin
130. Lorbeer K (2017) Die Zukunft der Automatisierung. Computerwelt 20
131. Lumgair C (2003) Desktop Publishing. Teach Yourself, London
132. Mahn J (2019) InDesign-Vorlagen automatisch mit Inhalt füllen. https://www.heise.de/ratgeber/InDesign-Vorlagen-automatisch-mit-Inhalt-fuellen-4548945.html
133. Maivald JJ, Palmer C (2008) A Designer's Guide to Adobe Indesign and XML: Harness the Power of XML to Automate Your Print and Web Workflows. Adobe Press, Berkeley, CA
134. Marketline (2014) Marketline Case Study: Adobe Systems Incorporated.
135. McDonald AB (2003) Adobe Gets Creative. PC World 12:78–79
136. Mhon GGW, Kham NSM (2020) ETL Preprocessing with Multiple Data Sources for Academic Data Analysis. In: 2020 IEEE Conference on Computer Applications (ICCA). IEEE, Yangon, Myanmar, S 1–5
137. Microsoft (2024) Keys Enumeration (System.Windows.Forms). https://learn.microsoft.com/de-de/dotnet/api/system.windows.forms.keys?view=windowsdesktop-8.0
138. Microsoft (2024) Senden von chatMessage in einem Kanal oder Chat – Microsoft Graph v1.0. https://learn.microsoft.com/de-de/graph/api/chatmessage-post?view=graph-rest-1.0
139. Mitchell S (1999) Mastering Desktop Publishing. https://doi.org/10.1007/978-1-349-14597-3
140. monday.com (2024) monday.com Platform API. https://developer.monday.com/api-reference
141. Nack J (2006) Photoshop CS3 Mini-SDK Released.
142. Neely A (2020) Adobe Illustrator arriving on the iPad on October 21. https://appleinsider.com/articles/20/09/15/adobe-illustrator-arriving-on-the-ipad-on-october-21
143. Nelson G (1985) Juno, a Constraint-Based Graphics System. SIGGRAPH Comput Graph 19:235–243. https://doi.org/10.1145/325165.325241
144. Neuhauser M (2018) Reinzeichnung und Druckvorstufe mit InDesign, Version 1.2. Michael Neuhauser, Konstanz
145. Norberto Pires J (2000) Object-oriented and Distributed Programming of Robotic and Automation Equipment. Industrial Robot: An International Journal 27:279–287. https://doi.org/10.1108/01439910010372109
146. npm (2020) mysql. https://www.npmjs.com/package/mysql

147. OpenJS Foundation (2024) Node.js v23.2.0 Documentation. https://nodejs.org/docs/latest/api/documentation.html

148. Oracle (2020) Was ist ein digitaler Assistent? https://www.oracle.com/de/chatbots/what-is-a-digital-assistant

149. Ostrowicz S (2018) Next Generation Process Automation: Integrierte Prozessautomation im Zeitalter der Digitalisierung.

150. Osuna E, Rodríguez L-F, Gutierrez-Garcia JO, Castro LA (2020) Development of Computational Models of Emotions: A Software Engineering Perspective. Cognitive Systems Research 60:1–19. https://doi.org/10.1016/j.cogsys.2019.11.001

151. Pan B, Zhang G, Qin X (2018) Design and Realization of an ETL Method in Business Intelligence Project. In: 2018 IEEE 3rd International Conference on Cloud Computing and Big Data Analysis (ICCCBDA). IEEE, Chengdu, S 275–279

152. Panetta K (2020) Gartner Top Strategic Technology Trends for 2021. https://www.gartner.com/smarterwithgartner/gartner-top-strategic-technology-trends-for-2021

153. Petereit D (2020) Update: Adobe Photoshop verbessert KI-Freistellung massiv. https://t3n.de/news/update-adobe-photoshop-massiv-1291567

154. Petereit D (2021) Kein Download, keine App: Adobe bringt Photoshop und Illustrator ins Web. https://t3n.de/news/kein-download-keine-app-adobe-1420436

155. Peters J (1988) Desktop Publishing Was bringt's wirklich? https://doi.org/10.1007/978-3-663-13576-0

156. Pfiffner PS (2003) Inside the Publishing Revolution: The Adobe Story. Peachpit Press, Berkeley, Calif

157. photoscala (2019) Adobe „Sneaks" gewähren Einblick in die Zukunft von Photoshop & Co. https://www.photoscala.de/2019/11/27/adobe-sneaks-gewaehren-einblick-in-die-zukunft-von-photoshop-co

158. Picture Instruments (2020) Which plugin format do you need? UXP, CEP or C++? https://picture-instruments.com/news/blog.php?lang=en&id=&cid=&blog=uxp_plugins_2020

159. Ralston R (2008) The Designer's Apprentice: Automating Photoshop, Illustrator, and InDesign in Adobe Creative Suite 3. Adobe Press, Berkeley, California

160. Rauber M (2017) Echtzeitchat mit Node.js und Socket.IO. https://entwickler.de/javascript/echtzeitchat-mit-nodejs-und-socketio-001

161. Reinheimer S (2017) Industrie 4.0: Herausforderungen, Konzepte und Praxisbeispiele. https://doi.org/10.1007/978-3-658-18165-9

162. Rodríguez L-F, Ramos F (2015) Computational Models of Emotions for Autonomous Agents: Major Challenges. Artif Intell Rev 43:437–465. https://doi.org/10.1007/s10462-012-9380-9

163. Safar M (2018) Cognitive Process Automation als Automatisierungsansatz für komplexe Prozesse. https://weissenberg-group.de/was-ist-cognitive-process-automation

164. Salmon J, Wild C (2016) First Steps in SAP S/4HANA Finance. Espresso Tutorials GmbH

165. Schauer-Bieche F (2019) Der Content-Coach: Leitfaden für bessere Inhalte und durchdachte Strategien im Content-Marketing. https://doi.org/10.1007/978-3-658-26655-4

166. Scheer A-W (2020) Unternehmung 4.0: Vom disruptiven Geschäftsmodell zur Automatisierung der Geschäftsprozesse. https://doi.org/10.1007/978-3-658-27694-2

167. Scheppler B, Weber C (2020) Robotic Process Automation. Informatik Spektrum 43:152–156. https://doi.org/10.1007/s00287-020-01263-6

168. Scott G, Tranberry J (2012) Power, Speed & Automation with Adobe Photoshop, 1. Aufl. https://doi.org/10.4324/9780240820941

169. Seybold Seminars (1997) Test Story. http://scripting.com/seybold/stories/970206.html.

170. Shotts K (2019) ESTK and macOS 10.15 Catalina. https://blog.developer.adobe.com/estk-and-macos-10-15-catalina-cbcc30300918

171. Shotts K (2019) ExtendScript Debugger for Visual Studio Code Public Release. https://blog.developer.adobe.com/extendscript-debugger-for-visual-studio-code-public-release-a2ff61 61fa01

172. Shotts K (2021) In-App Extensibility Support for ARM/Apple Silicon Devices. https://blog.developer.adobe.com/in-app-extensibility-support-for-arm-apple-silicon-devices-4f5e69f7 2eab

173. Sivri SD, Krallmann H (2016) Soziotechnische Betrachtung der Digitalisierung. Technologie & Management 65:12–15

174. Skolka T (2019) Robotic Process Automation: Modeerscheinung oder sinnvolle Technologie? Zeitschrift für das Gesamte Kreditwesen 72:27–32

175. Slack (2024) Using Slack APIs. https://slack.com/apis

176. Smith C (2022) What is InDesign. https://www.agitraining.com/adobe/indesign/classes/what-is-indesign

177. Soflyy (2022) How to Export WooCommerce Products. https://www.wpallimport.com/documentation/how-to-export-woocommerce-products-to-csv-or-xml

178. Soflyy (2024) Product Export for Woocommerce to CSV, Excel, XML, and the Google Merchant Center. https://wordpress.org/plugins/product-export-for-woocommerce

179. Souibgui M, Atigui F, Zammali S et al (2019) Data Quality in ETL Process: A Preliminary Study. Procedia Computer Science 159:676–687. https://doi.org/10.1016/j.procs.2019.09.223

180. Sproull R (2018) The Xerox Alto Publishing Platform. IEEE Annals of the History of Computing 40:38–54. https://doi.org/10.1109/MAHC.2018.033841110

181. Steinacker U (2016) Textumfluss und Text auf Pfaden in InDesign richtig anwenden.

182. Stember J (2020) Innovative Wirtschaftsförderungen in Deutschland: Praxisberichte, Konzepte und Zukunftsstrategien. Springer Gabler, Wiesbaden

183. Stenner F (2010) Handbuch Automobilbanken: Finanzdienstleistungen für Mobilität. Springer, Berlin Heidelberg

184. Stich V, Schumann JH, Beverungen D et al (2019) Digitale Dienstleistungsinnovationen: Smart Services agil und kundenorientiert entwickeln. https://doi.org/10.1007/978-3-662-59517-6

185. Şuteu MD, Raţiu GL, Doble L (2018) The Interconnection of the Programs Adobe Illustrator and Adobe Photoshop and their Applicability in the Textile Industry. Annals of the University of Oradea: Fascicle of Textiles, Leatherwork 19:101–104

186. Takahashi S, Matsuoka S, Miyashita K et al (1998) A Constraint-Based Approach for Visualization and Animation. Constraints 3:61–86. https://doi.org/10.1023/A:1009708715411

187. TarGroup Media GmbH (2024) Unterschied zwischen Mediendesign, Kommunikationsdesign und Grafikdesign. https://www.medien-studieren.net/infos/unterschied-kommunikationsdesign-grafikdesign-mediendesign

188. Teschner H (2017) Druck- und Medientechnik: Informationen gestalten, produzieren, verarbeiten, 14. Auflage. Dr.-Ing. Paul Christiani GmbH & Co. KG, Konstanz

189. Tewes S, Niestroj B, Tewes C (2020) Geschäftsmodelle in die Zukunft denken: Erfolgsfaktoren für Branchen, Unternehmen und Veränderer. https://doi.org/10.1007/978-3-658-27214-2

190. Thomas K (1999) How to Write a Photoshop Plug-In, Part 1. http://preserve.mactech.com/articles/mactech/Vol.15/15.04/PhotoshopPlug-InsPart1/index.html

191. Thomas K (1999) Writing a Photoshop Plug-In, Part 2. http://preserve.mactech.com/articles/mactech/Vol.15/15.05/PhotoshopPlug-InsPart2/index.html

192. Tute E, Steiner J (2018) Modeling of ETL-Processes and Processed Information in Clinical Data Warehousing. Studies in Health Technology and Informatics 248:204–211

193. Ullah R, Witt M (2018) Praxishandbuch Recruiting: Grundlagenwissen – Prozess-Know-how – Social Recruiting, 2., aktualisierte und überarbeitete Auflage. Schäffer-Poeschel Verlag, Stuttgart

194. Vahs D (2015) Organisation: ein Lehr- und Managementbuch, 9., überarbeitete und erweiterte Auflage. Schäffer-Poeschel Verlag, Stuttgart

195. W3Schools DTD Tutorial. https://www.w3schools.com/xml/xml_dtd_intro.asp

196. W3Schools XML Tutorial. https://www.w3schools.com/xml/default.asp

197. W3Schools XSLT Introduction. https://www.w3schools.com/xml/xsl_intro.asp

198. Walden D (2019) Studying the Histories of Computerizing Publishing and Desktop Publishing, 2017–2019. TUGboat 40:217–228

199. Walter M (2003) Adobe's Creative Suite: More Than Just a Bundle of Upgrades. Seybold Report: Analyzing Publishing Technologies 3:17–20

200. Walter S, Schweiger G (2007) Die Rolle der Werbeagentur im Markenführungsprozess, 1. Aufl. Dt. Univ.-Verl, Wiesbaden

201. Weatherbed J (2023) Adobe Is Adding Its AI Image Generator Firefly to Photoshop. https://www.theverge.com/2023/5/23/23734027/adobe-photoshop-generative-fill-ai-image-generator-firefly

202. Weatherbed J (2023) Adobe Opens up Its Firefly Generative AI Model to Businesses. https://www.theverge.com/2023/6/8/23753564/adobe-firefly-enterprise-generative-ai-express-commercial

203. Wendel M (2023) Die 5 wichtigsten Sprachassistenten im Leistungsvergleich. https://www.homeandsmart.de/smart-home-sprachassistenten

204. Wolan M (2020) Next Generation Digital Transformation: 50 Prinzipien für erfolgreichen Unternehmenswandel im Zeitalter der Künstlichen Intelligenz. https://doi.org/10.1007/978-3-658-24935-9

205. Zander H-J (2015) Steuerung ereignisdiskreter Prozesse: Neuartige Methoden zur Prozessbeschreibung und zum Entwurf von Steueralgorithmen. https://doi.org/10.1007/978-3-658-01382-0